*Rich*致富355

翻轉思維

整合已知，從小細節突破思考框架，
深度進化的心智進擊術

采銅◎著

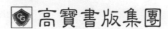

高寶書版集團

目 錄
CONTENTS

目　錄
CONTENTS

序
用精進思維的方式寫《翻轉思維》

　　你現在翻開的這本書是某一種偏執的產物。

　　我懷疑我的腦子得了一種「怪病」——天真地以為複雜的事物背後總有簡單的道理。更糟糕的是，這些道理並沒有在某一個特定學科中被完整闡釋過。它們有些源自心理學，有些源自物理學，有些不屬於任何學問，只是由實踐得來。

　　有一次我把部分書稿給朋友海賢過目，他的反應讓我大為受挫，他說：「你為什麼要被你看過的書束縛住？你很會思考，為什麼不多寫寫你自己的想法？」是呀，如果我的書只是其他書的綜合體，那有什麼存在的價值呢？於是這部分稿子就被我全部捨棄，推倒重寫。

　　另一個啟發了我的人是我的孩子。有一天我帶他去南京玩，經過鬧區時，我指著眼前的一幢高樓說：「兒子啊，你看，這棟樓高不高啊？它叫紫峰大廈。」他並沒有回應，而是伸出了一根手指，朝著這幢大廈指指點點，片刻後，他回頭大聲對我說：「八十六層！爸爸，有八十六層！」我猜他數出

的層數未必準確，可是為什麼我沒有想過去數有幾層呢？我只是知道了這幢樓的名字，便以這一點知識而自足，卻沒想過用自己的眼睛去好好觀察它，為什麼？

跟這個八歲的孩子朝夕相處讓我感到新鮮和惶恐。新鮮是因為當我跟隨著他用一個孩子的視角去觀察時，這個世界以一種全新的姿態向我敞開了。我發現，某種程度上，是我腦中紛紛攘攘的知識限制了我的思考，限制了我的觀察，正像海賢向我指出的那樣。若是回到一種「無知」的狀態，直接面對現實的種種，是不是才是「智慧」的真正開始呢？而我惶恐的是，隨著年齡逐漸增長，我兒子那喜愛發現的頭腦會不會重蹈我們成年人的覆轍，最終變成一個概念和觀念的容器呢？

我還有一個朋友，她曾向我求助一個關於育兒的問題。她說，她一歲八個月大的孩子喜歡吸手指，以前孩子還小的時候覺得沒什麼，現在孩子快兩歲了還沒改掉，她有點焦慮。我立即在網路上查資料，想看看一歲八個月大的孩子吸手指是不是正常情況，隨即我又覺察到這並沒有必要。誰規定一個孩子吸手指到底是不是正常現象啊？為什麼要去找理論依據來教育孩子吸手指的事呢？重要的應該是理解這個孩子為什麼吸手指，注意，是這個孩子，而不是其他孩子。

　　也許這個孩子是為了獲得安全感，他在家裡是否感到某些焦慮和不安呢？這就需要我這個朋友細心觀察，去揣摩他的一舉一動，理解這個孩子，把他當作一個獨立和自主的個體，去理解他，我想這就是心理學。

　　讓我非常驚訝的是，當她帶著孩子去醫院諮詢醫生時，某位醫生給的建議竟然是：「在孩子的手指上塗黃連水或者辣椒水。」天哪，為什麼要這樣對待一個兩歲的孩子，只是為了讓他變得「正常」？

　　所以到底什麼是心理學？我曾經以為我理解了它，後來又迷惑了。但我可以肯定的是，心理學是要理解人的。可是理解人又分成不同的層次：把人作為一個物種去理解，把人作為一個群體去理解，以及把人作為一個又一個的個體去理解。這些都需要，都不可或缺。而就我的私心來說，似乎最後一種理解是最迫切需要的。

　　理解每一個獨特的人不是一種技法，而是一種精神。我能不能這麼說：「首先，心理學是一種精神，其次是一種方法，最後才是各種具體的知識。我們不能倒過來，只瞭解了各種書本上的知識，卻忽略了努力理解人的精神。」

　　更進一步思考，如果把我們所知的一切倒空，我們還能理解這個世界嗎？可是就算我們什麼都沒倒，就能理解這個

世界了嗎？要知道，未知總是比已知要多。如果守住我們的已知，便是透過一個已知的框架去看世界；如果把框架扔掉，是不是看到的世界會更大呢？

但是這又不盡然，框架提供的是觀察的角度。扔掉框架固然也能看，但是不知不覺中，我們又會拿起另一個框架去看，完全不用框架似乎是不可能的。在日常生活中，我們用的大多是常識的框架、個人經驗的框架，而一個訓練有素的專家更喜歡用所屬領域的專業框架。如果我們有更多的框架可用的話，我們眼前的世界會怎樣？想想看，不同的框架，拿起又放下，就像更換了五花八門的太陽眼鏡一樣，每一次更換都改變了世界的色彩，更重要的是，我們還看到了色彩背後的成因。

一個實物之所以有這樣或那樣的顏色，是因為表面微觀構造和分子成分不同，使得不同色光反射到了我們的眼睛。正如我們觀察一個人，他喜歡做什麼事、說什麼樣的話，背後總有原因，於是我們可以用同理心去體察他內心的感受，嘗試去理解他，這便是心理學框架的作用。

人同此心，心同此理。萬物又何嘗不是依循某個「理」而存在？只不過，我們不必去假設存在一個萬用共通之理，因為這樣的假設本就很難證明，我們只需去想，它那個獨具

特色的「理」是什麼樣子的。「同此心」就是去同每一個獨特之「心」，也許經過了千百次的探究以後，我們會發現這麼多不同的「理」背後，還有少數幾個更通用的、更深層的「理」，這便是後話了。當我們見到時，自然便會見到。

　　這就是我這一偏執的源起，我想當一個元知識[1]的探索者，去發現更多的框架，去看到世界更多的色彩，去撫摸現實更多的紋理，就像一個小女孩收集很多娃娃，就像一個小男孩擁有許多汽車。當然，小女孩也可以擁有汽車，小男孩也可以熱愛娃娃，誰規定過呢？

---

1 元知識：關於知識的知識。

第一章
視角
掌握觀察之道

真正的發現之旅，
並不是找到新的風景，
而是尋得新的眼睛。

01

—————◆—————

觀看尋常之物

　　我的第一版書稿是用鉛筆手寫在筆記本上的，寫到疲憊時，我就端詳手中的筆。可惜那版書稿最終被我棄之不用，而鉛筆還在，於是我就決定來寫寫鉛筆。

小物品，別有意義

　　對於人類而言，鉛筆是小物品，但是意義很特殊，因為說不清有多少巧妙的構思是經由鉛筆的塗寫而萌發出了雛形。當最初的想法勾抹出來之後，若後續還能一步步擴展和完善，再得以實際操作與實施，就有可能成為成品上市。它們共同組成了今天我們所看到花團錦簇一般的科學、技術、設計和藝術，現代文明正是以這種方式演進和展開的。

　　與其他種類的筆不同，鉛筆的字跡是可以擦去的，這就為使用者提供了充足的「安全感」。手執鉛筆，我們不必擔心寫錯或者畫錯，只管意隨筆尖、任意馳騁就是。但也因為

保存的問題，鉛筆不會用來撰寫正式的文本，它與永恆性無關，只與當下有關，這正好與我們人腦中記憶的特徵相似。

　　我們頭腦中的想法是稍縱即逝的，短期記憶只能維持幾分鐘，其中只有極小部分轉化成長期記憶，縱然是長期記憶，也會隨著漫長的時間而消退或失真。因而，刻印在腦中揮之不去的東西太少、太少了，再濃的愛與恨都會隨著時間變淡，這不正跟鉛筆留下的痕跡相似嗎？

　　鉛筆與人有一種天然的親和性，低年級的小學生讀書、寫字都是用鉛筆，用鉛筆寫錯了也不要緊，擦掉重寫就好，所以不必因為寫錯字而膽戰心驚。而我們成年人學東西都緊張兮兮的，遠沒有這麼放鬆。

　　可是鉛筆還是太普通了，作為前工業時代的發明，鉛筆早已不在時代的聚光燈之下。現代人都被電子設備所俘虜，不論是書寫還是繪畫，都可以戳戳螢幕完成，使用高科技的工具不僅同樣方便修改，而且更加省時省力。除了學生和少數職業的從業者之外，依然迷戀鉛筆的人，早已不多見了。

　　但一件事物的流行與否跟它是否值得研究並沒有必然的關係，事物往往因為流行而被高估，或者因為不流行而被低估。人的思維中，從眾行為會牽引我們步入錯誤的預設，忽視有價值的資訊。在本章中，我談論鉛筆並不只著眼於鉛筆

本身，而是想以鉛筆為例，來展示像鉛筆這樣容易被忽視的平常事物也有觀察和解讀的價值，也是一種資訊豐足的學習對象。

　　也許當你讀完這本書後，會開始注意生活中種種尋常的小事物，學會從不同的角度去觀察它們，發現它們新的面貌，賞玩其中的趣味。就像法國大作家馬塞爾‧普魯斯特說的：「真正的發現之旅並不是找到新的風景，而是擁有新的觀點以看待事物。（There a voyage of discovery consists, not in seeking new landscapes, but in having new eyes.）」

一回熟，二回生

　　「觀察」與簡單的「看」不同的是，「觀察」意味著切換不同的視角去看同一件東西。不同的視角能看到不同的資訊，多元的視角就意味著多元的啟發。多視角切換的能力是大多數人所缺乏的，甚至大家還沒有培養起這樣的意識。

　　孩子把一個感到新鮮的東西拿在手裡，會反復把玩，他會用盡各種方式去觀察，但是成年人不會。對於成年人來說，目光所及的所有東西都已經太熟悉了，而失去了把玩的必要。因而在日復一日的平庸生活中，我們觀看事物的方式

是固定的，這樣做最簡單、最省力，符合頭腦中預設的「省力原則」。除非，有陌生的東西出現，我們才有可能重新被激發起好奇心。

　　但是，這裡存在的問題是，熟悉不等於瞭解，熟悉只是一種模糊的主觀感覺。若把熟悉等同於瞭解，我們便失去了真正瞭解一件東西的機會。《紐約客》（*The New Yorker*）封面設計師克里斯托夫·尼曼（Christoph Niemann）閒暇時經常利用日常事物來創意發想，他的方法是把熟悉的東西「陌生化」——「先隨便挑選一個常見的物品，然後一直盯著它看，直到某個奇怪的角度讓自己靈光一現，接著簡單畫上幾筆，給它賦予新的含義。這是一種考驗觀察力的練習，最大的挑戰是，我要從物品的實際功能中解放出來。」

　　越是日常的事物，我們對察看它的方式越是僵化，比如膠水只能用來黏東西，筷子只能用來吃飯，筆只能用來寫字，肥皂只能用來清潔。這些想法於我們是如此根深蒂固、不可更改，因此這些東西在我們的頭腦中其實是「灰暗」的，因為它們太常見而不被關注，不會被我們的思考「點亮」。

　　但尼曼覺得，一件尋常事物被認定的功能只是很多可能功能之中的一個，除此之外，還有很多可能性有待我們去發現。替尋常事物找到新用處，就是創造的一種方式，而這種

方式，人人都可以為之。因此所謂的陌生化，就是看待世界
的不同方法罷了。

練　習

找一件日常之中你非常熟悉的事物，寫出三個與它原
本功能無關的新功能。

舉例：平板電腦

原功能：上網和娛樂

新功能：

1. 放在客廳展示櫃中，循環播放照片，變成電子相
簿。

2. 外接幾個攝影機，螢幕上撥放二十四小時監控畫
面，變成居家監控系統。

3. 把平板安裝在家門口，向過路人播放廣告，向廣告
商收取廣告費。

02

四種觀法，可「盤」萬物

回到剛才談論的鉛筆。鉛筆是大家所熟悉的事物，如果我們把它當作一個陌生的東西看待，並且從不同的視角去觀察，便能獲得很多原本不知道的資訊，其中有一些還是頗具啟發性的。

材質：樸散為器，大制不割

組成鉛筆的材質很簡單，外面的殼是木頭，主要取材自杉木、松木、柏木等等；套在殼裡的筆芯並不含鉛，主要是石墨。石墨是一種開採出來的黑色礦物，從化學成分來看屬於一種層狀結構的碳同素異形體。石墨的片層之間聯繫並不緊密，一經摩擦便能掉落，從而留下黑色痕跡，因而很適合書寫。但是反過來講，石墨太軟而易折，所以不便直接握在手裡。所以鉛筆的早期製造者發現可以把少量黏土摻入石墨，其混合物經過高溫煅燒以後，就能形成有足夠硬度的筆

芯。木材、石墨和黏土都不是太稀奇的東西，人類就地取材，用自然之物巧妙混搭，造出這素樸良器，是很有智慧的創造。

　　鉛筆的殼當然並非只能用木材，自動鉛筆的筆桿就是塑膠或金屬，但是自動鉛筆的筆芯與外殼是分離、懸空的，因而筆芯寫起來更容易斷。傳統鉛筆的殼與芯緊緊貼在一起，不僅不太容易斷，而且還耐摔，就算鉛筆摔到地上，筆頭摔斷了，但殼裡的筆芯是摔不斷的，原因可能是外殼分散了衝擊力，保護了筆芯。

　　但是話說回來，鉛筆的筆桿與筆芯算得上是一對「苦命鴛鴦」，削鉛筆器便是它們的「法海」。使用鉛筆消耗的是墨芯，而木殼卻成了「陪葬品」，石墨用掉多少，外面的木殼也要被削掉多少，真是「生死相隨」了。或許體會到了這種情愫，愛用鉛筆的人不太會丟棄小半截的鉛筆，他們會盡可能地延長一支鉛筆的使用壽命，削得它一短再短，直到真的沒辦法握住時才會放棄。可以說，鉛筆的設計本身就體現了物盡其用的精神。我想，鉛筆本是一件樸素的東西，使用它的人也大多懷著一種樸素的精神吧。

　　墨芯與木桿配合默契，一黑一白、一軟一硬，優勢互補，算是一對非常好的搭檔。良好的器具往往是兩種或者多種材質默契搭配的結果，材質單一的東西或許有明顯的優點，但

也勢必有其缺陷，正如一枚硬幣總有正反兩面。由此可推知，若要構造一件平衡之物，最簡單可行的方法就是把兩種以上具有互補性的異質元素組合在一起。

古人樸素的自然觀裡，就蘊含著這種平衡思想，在中國是從陰陽到五行，在古希臘則是亞里斯多德的五元素說，元素與元素之間要相互搭配才可達至平衡。儘管古人的樸素自然觀不為現代科學所容，但是其中的思想內涵仍舊有啟示的意義。也就是說，在一個系統中，不論它是簡單還是複雜，都要考慮元素與元素是否平衡的問題。雖然，「平衡」這個詞，我們很難給以一個精確的定義，但是當它出現時，我們能夠感知到它。

我看過一款保鮮盒，盒身的材質是玻璃，盒蓋的材質卻不是玻璃，而是矽膠。矽膠和玻璃是兩種性質殊異的材質，前者富有彈性易彎曲，後者堅硬而穩固。用矽膠去蓋保鮮盒，正好易開易合，又能保證密封效果，這搭配非常妥帖。

我還看過一種陶瓷杯，外面用竹絲編織套了一層，專業說法叫「竹絲扣瓷」。這種搭配也非常巧妙，陶瓷導熱性好，所以熱茶在裡頭時，杯子易燙手；而竹篾導熱性差，用竹篾為陶瓷隔熱，既美觀又實用。

單以木頭論，木頭不稀奇；單以玻璃論，玻璃不稀奇；

單以陶瓷論，陶瓷不稀奇；單以矽膠論，矽膠不稀奇，但是把它們組合在一起，就變得好玩了。那麼有沒有更多好玩的組合呢？我們大多不知道。

又比如說做菜，一道道美食做出來，本質上就是不同食材之間的搭配和組合，能不能搭配好取決於廚師的經驗和技巧，而衡量一道美食是否好吃有一個關鍵指標，就是平衡。

我曾經吃過一碗非常好吃的拌麵，是居住在雲南雙廊的白族朋友做的，好吃到根本停不下來。跟我習慣的江南口味相比，這碗麵的特點是融合了多種味道，甜、鹹、酸、辣都有，再加上我叫不出名字的若干種香料風味。這些味道在同一碗麵裡面呈現出來，沒有一種顯得特別霸道（比如辣味也沒有特別辣），而是每種味道都不多不少，相得益彰，奏出了一曲味覺的合奏，真是讓人讚嘆。

這讓我想到名廚江振誠的《八角哲學》一書。江振誠生於臺灣，少年時就癡迷於廚藝，青年時赴法國拜名師，精研十多年，終於成了頂級的法式餐廳大廚。在他精進廚藝的過程中，自己摸索出了一套「八角哲學」，指的是一道法式餐品所內含的八個元素：純粹、鹽、工藝、南法（即法國南部風情）、質、獨特、憶、風土。

他認為最好的法式餐點應該是用這八個元素構建一個

平衡的味覺系統，用圖形來表示的話就是一個正八邊形。在設計菜品時，他會在圖紙上試著畫出這道菜式在八個元素上的取值，然後連成一個八邊形，通常這種圖我們稱為「雷達圖」。每道菜式畫出的八邊形都不盡相同，有的菜在某個角伸得特別長，有的菜在另一個角上會更為突出，這便是每道菜獨一無二的 DNA，且由於每道菜品各有特色，沒有一道菜的 DNA 是相同的。

　　江振誠厲害的地方是，他並不是把一道菜、一道菜分開來看，而是思考一整套菜是否在這八個元素上取得了平衡，也就是說，他會把一個套餐中所有菜品的雷達圖疊在一起，如果重疊後的圖案形成了一個接近正八邊形的形狀，那麼才說明這個套餐在八個元素上取得了平衡；如果疊加以後發現不平衡，他就會更改或者替換其中某個菜式。所以我們如果要理解一件事物到底是不是平衡的，我們首先要理解組成它的元素是什麼，先分解開來去看，再從整體上去評估。就像江振誠的料理，如果不先分解出八大元素，那麼也無法去判別到底怎樣的組合算是平衡了。所以把事物細分出來，從更細緻的角度去剖析，是一種特別重要的能力。

練　習

去商場購買兩款不同的巧克力，然後分別就甜味、苦感、牛奶味、酸味、堅果香、花香、果香七個部分評分（一到五分），並畫出雷達圖，最後比較這兩款巧克力的雷達圖，並再次體會兩者整體口感上的不同是否可以透過雷達圖上的圖形差異表示出來。

舉例：以「明治 THE Chocolate」中的兩款作比較，其中一款名為「優雅果香巧克力」，另一款為「濃黑巧克力」，兩款巧克力的雷達圖都是產品包裝和宣傳資料中所提供的。

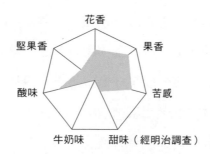

圖 1-1　優雅果香巧克力雷達圖

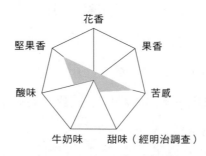

圖 1-2　濃黑巧克力雷達圖

　　在大多數的虛構作品裡，小說也好，電影、電視、漫畫也好，仔細觀察便會發現它們的主要材質也並不是單一的，而是兩種或者更多。換種表述，在很多好看的故事裡，總能找到至少一明一暗兩條線，一個是「面子」，一個是「裡子」。單條線的故事當然也有，但是不免顯得單薄，很難繼續看下去，經不起咀嚼。而膾炙人口的作品，往往是「複合型」，表面上你以為寫的是「這個」，挖掘深層的含義卻發現寫的是「那個」，「這個」和「那個」相互纏繞，組成了一個複雜的作品。

　　比如金庸的作品，表面上看是武俠小說，讀者一開始是沖著武功和招式看的，看著看著卻被裡面的兒女情長打動了。用武俠來展現人的感情，是金庸早就想清楚的創作哲學，他說：「武俠小說只是表現人情的一種特定形式。作曲家或演奏家要表現一種情緒，用鋼琴、小提琴、交響樂或歌唱的形式都可以，畫家可以選擇油畫、水彩、水墨或版畫的形式。問題不在採取什麼形式，而是表現的手法好不好。」一個武俠小說的「殼」，包著愛情小說的「芯」，既戳中你的盔甲，又戳中你的軟肋，當然就收穫了最廣泛的讀者。

　　日本漫畫《深夜食堂》由一個又一個短小的故事組成，敘述的是一家開在深夜的小食堂，每天接待不同的食客，一

個食客通常就點一種食物，或麵或飯或壽司。每一種食物有自己的味道和做法，而每一名食客的背後也有自己的故事和哀愁。因而你在這部漫畫裡可以找到兩種主要的「材質」：第一種是日本的傳統美食，在漫畫裡這些食物一一登場，展現各自的魅力；第二種是各種小人物的人生故事，一個個於深夜中孤獨徘徊的靈魂，來到了這家店，講述了自己的故事。用美食的「殼」藏孤獨的「芯」，這便是《深夜食堂》的「鉛筆」材質。

如果你站在創作者的角度去考慮，想一想若是由你來創作，在創作之前需要做什麼樣的準備呢？第一步就是明確作品需要什麼材質，正如一家製造鉛筆的工廠，必須有辦法從林場獲取木材，從礦場獲取石墨；如果你想當金庸，那麼在動筆之前，必須先設想好一系列的門派、武功和招式，同時你也要想有多少種常見的愛情關係可以去描寫；如果你想創作類似《深夜食堂》的作品，你需要準備的素材至少得包括幾十種好吃的菜品及其製作方法，以及盡可能多的平凡人故事，這些故事恐怕不少要從你自己的人生閱歷和所見所聞中去攝取。

所以你看，「材質」作為觀察的一個視角，它的含義和用法是開放的，不一定是有形的東西才有材質，無形的東西

也會有其材質。任何東西都有其材質，哪怕空氣也需要氮氣、氧氣、二氧化碳等幾種材質來構成。思考一件事物的材質，是瞭解它的起點。

造型：用幾何學的眼光打量世界

我們眼前所見之物，都可以抽象成一個幾何體或者幾個幾何體的組合。從幾何體的角度去觀察器物，是一個美術專科學生的基本功。畫一幅素描，通常都要先畫出抽象的幾何體，然後一步步加上細節、改畫局部，直至逼近其真實的樣子，即便是再不規則的造型也是以規則幾何體的組合為其基礎的。

那麼鉛筆是什麼樣的幾何體呢？以最常用的中華牌六角鉛筆（或是利百代高級六角皮頭鉛筆）為例，觀察鉛筆的橫截面，能看到一個近乎標準的正六邊形。正六邊形是由六條相等的邊組成，相鄰兩條邊的夾角是一百二十度。由於橫截面是正六邊形，所以鉛筆筆桿有六個相等的側面，每個側面都是細長的長方形。就整支鉛筆來說，它是一個正六邊形柱體，也可稱為六角柱，英文叫 Hexagonal prism。

六邊形是滿神奇的幾何圖形，我們最熟悉的六邊形可能

就是蜂巢的結構。其實很多天然礦石就具有六方柱的結構，包括昂貴的祖母綠寶石，它們都屬於「六方晶系」。另外，典型的烏龜龜殼也是由六邊形的儲存格所構成的。

　　而在人造物中，最常見的六邊形物體恐怕就是六角螺帽了。在中國古代，六邊形的涼亭也非常常見，稱為「六角亭」。從蜂巢、礦石、龜殼、螺帽乃至建築中見到的六邊形，給人一種什麼樣的共同感覺呢？我不知道你的感覺如何，反正我的印象就是堅固、穩定，堅不可摧。

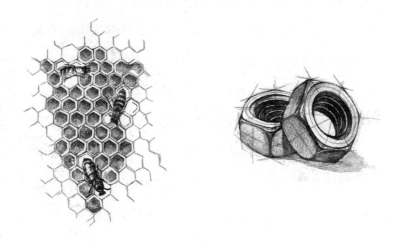

圖 1-3　蜂巢與六角螺帽的六邊形

　　觀察一個器物的造型，本質是以一種抽象的方式去觀察，因為幾何學本身就是一種關於形的抽象，自然界中不存

在嚴格標準意義上的幾何體。比如碗口通常被當作一個正圓，但是這個圓跟幾何學意義上標準的正圓還是有一定差距的，如果仔細看，你總會看到碗口邊緣有不規則的小凸起或小凹陷，但是我們還是願意把碗口當作一個正圓看，這種看的方式就是一種抽象，雖然只是比較簡單的抽象。

在歐幾里得的幾何學裡，「點」是沒有任何面積的，「線」是沒有任何寬度的，「面」是沒有任何厚度的。在現實中，我們找不到一個沒有面積的點，一條沒有寬度的線，一幅沒有厚度的面，但是我們還是相信幾何學上的「點」、「線」、「面」是存在的，這就是因為我們天生就有抽象的能力，只是這種能力還比較單薄和原始，沒有被進一步地培育和發展。

至於鉛筆的正六邊形截面也是一種近似說法，因為鉛筆的六邊形中，每個轉角處作了微小的圓弧處理，但這並不妨礙我們把它當作真正的正六邊形看待。其實也有其他形狀的鉛筆，比如截面為圓形、三角形或者正方形的，只不過它們都不如六邊形那麼流行。也許這麼做是為了體現堅固的特性以給人安穩感，也可能是從美觀的角度考慮，也可能僅僅是因循舊例，按著歷史習慣延續下來罷了。但不管怎麼說，六方柱就是鉛筆傲立於文具界的標誌性造型，你很少見到六方

柱的毛筆、鋼筆、原子筆，但是你見到的鉛筆就是這樣，它很特別。

　　實際上鉛筆的六邊形造型跟它的組成材質有著驚人的巧合，因為石墨從微觀上看，最基本的結構就是六個碳原子在同一平面上形成的正六邊形。同一石墨單層就是由無數個六邊形碳原子聯結而成的，這些碳原子之間的結合力比較強，所以石墨的化學性質很穩定，可見石墨也有非常「堅固」的一面。而且石墨單層，還有一個鼎鼎大名的名字——石墨烯，一個石墨棒就是幾億層的石墨烯所疊加起來的。

　　如果把許多支六邊形鉛筆整齊而緊湊地聚攏在一起，看其中一面，就能看到跟石墨烯類似的圖案。於是乎，在日常世界和極微觀的世界之間，出現了有趣的「同構」現象，這是「幾何構型」視角帶給我們的樂趣。

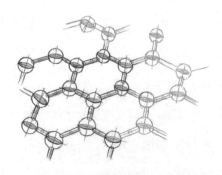

圖 1-4　石墨烯示意圖

　　用一種幾何學的眼光去審視萬物並不是繪者的專利，我們普通人看一樣東西也可以採取這種視角。雖然現實中的物體跟標準的幾何體存在差別，但是作為觀察的前期步驟，我們可以不考慮其細節上的不同。我們可以先整體再局部，先抽象再具象，先看它像哪一個幾何體或者幾何體的組合，把握最主要的資訊，再往細處觀察，整理出一根根枝節，這種循序漸進、由粗到精的步調，在大多數領域是普遍適用的。

　　這種方法用到商業中，可以推導出一個有意思的技巧：用別致的幾何造型獲得重要的第一印象。有一次我在一家大商場看到一副眼鏡陳列在櫥窗，這副眼鏡採用了正八邊形的構造，氣質相當出眾，但是我當時只顧趕路，沒有細看，宛如驚鴻一瞥，至今仍然印在腦海裡。

　　還有一次我在一家西餐廳用餐，老闆送上來一盤新品請我試吃，我還沒吃，就對這賣相讚不絕口，第一時間拍了張照片。

　　老闆得意地說，這道菜是源自他老家的花枝丸（也就是墨魚丸），但他想取一個特別的名字叫「草間彌生」。

　　「草間彌生？」我一時沒反應過來。

　　「對，日本有位藝術家叫草間彌生，我的擺盤就是仿照她的風格，你看這些圓點都是醬料……」

圖 1-5　草間彌生

　　哦，被老闆這麼一說，我好像想起了這個名字。草間彌
生被稱為「圓點女王」，她的作品以大大小小的圓點而聞名。
也許很難理解，她是現今身價非常高的藝術家，她的一幅作
品〈無限之網 1959〉在二〇一七年拍賣，賣出了一千三百多
萬人民幣的高價。那麼，把花枝丸做成這個樣子，確實非常
有藝術氣息。中國人做美食講究「色、香、味、意、形、器」，
這道「草間彌生」已經在色、形、意上先聲奪人，方法也不
難，就是從其他領域借鑑得來，對圓點這一基本的幾何圖形
再創造。

　　大約一百年前，俄羅斯抽象藝術大師康丁斯基一邊畫畫
一邊寫書，把方興未艾的抽象藝術推向世界，其中兩本經典
著作《藝術的精神性》、《點線面》闡述了他抽象藝術的主

張。簡單的線條、抽象的形狀也能喚起人的情感，也能帶來純粹藝術上的震撼，一般人欣賞不了抽象藝術，是因為他們對抽象藝術的敏感性還沒有被喚醒而已。於是我們甚至可以設想，把抽象藝術家的作品遷移到商業產品的設計中，讓特別的幾何造型給人一種強烈的視覺衝擊力，是不是一個特別好的主意呢？

對於我們每個普通人來說，幾何學的洞察還能幫助我們做出一些明智的生活決策。對於我來說，配眼鏡時挑選鏡框是一個非常頭疼的問題。我有五百多度的近視，如果我不佩戴眼鏡，眼前就會一片模糊。而挑選鏡框的步驟一般是這樣的，摘下舊眼鏡，戴上新鏡框，然後照鏡子。可是新鏡框裡的鏡片只是裝飾鏡片，並沒有度數，那麼我怎麼可能在一片模糊的情況下挑到合適的鏡框呢？買眼鏡是為了看清楚，可是首先得看清楚才能挑到合適的眼鏡，這就成了一個雞生蛋、蛋生雞的死循環。

但是，如果從幾何學的角度來看，這個問題就易於解決了。我們能不能挑選到一個合適的鏡框，主要就是看自己的臉型跟眼鏡的造型是否搭配，那麼何不先畫幾張簡單的畫，根據自己的臉型試著搭配幾款不同幾何形狀的鏡框呢？

這樣的紙上搭配實驗當然省略了很多細節資訊，我們只

是用一個抽象的方式去思考眼鏡搭配的問題，但是它仍然是
有效的，至少用這種方法，我們可以先排除幾種明顯不適合
自己臉型的鏡框。如果你的臉型偏圓，那麼用圓鏡框就不太
合適；如果你的臉比較方，那麼用方的鏡框也不太合適，免
得被人聯想到變形金剛。

練　習

在白紙上畫出自己的基本臉型，加上不同款式的眼
鏡，找出最適合自己臉型的眼鏡，近視眼鏡或太陽眼
鏡均可。

裝飾：或可品風姿，或可增見識

　　說完材質和造型，我們再來看看一支鉛筆是如何「裝飾」的。仍舊以中華牌六角鉛筆（或利百代高級六角皮頭鉛筆）來說，我們都知道筆桿的表面是有刻字的，但可能我們都沒有注意過，既然筆桿有六個側面，那麼有刻字的側面有幾個呢？我曾經拿這個問題問過我的幾個朋友，有朋友猶豫不敢答，有朋友回答是「一個」，有朋友回答是「兩個」，而正確答案是「三個」。

　　六個側面中，三個面刻字，三個面空白，而且刻字面和空白面是相間出現的，也就是說，與刻字面相鄰的一定是空白面，與空白面相鄰的一定是刻字面。

　　三個刻字面所刻的內容略有不同，其中一個面刻有：「中國上海中華繪圖鉛筆 101HB」，還有一個面刻著「中國第一鉛筆有限公司 Drawing HB」，再有一個面是「CHUNG HWA Drawing HB」。

　　這些內容傳達的資訊主要是兩個：一個是鉛筆的品牌（或廠商）是什麼，另一個是筆芯的型號是什麼（HB、2B 等等）。前者是商業需要，廠商需要宣傳自己，強化品牌印象；後者是使用需要，用筆者需要在任何旋轉角度下都立刻看見型號

（是 HB、2B 還是 2H 等），以做出快速和正確的選擇，所以型號資訊整齊地出現在了每一個刻字面上。

那麼，六個面中有三面刻字、三面不刻，為什麼這樣設計？其用意是什麼？有更好的設計嗎？假設你現在手中正巧握著一支筆，那麼試試旋轉它就知道了。你會發現，不管鉛筆以什麼角度朝向你，你都能看到筆桿上的字——因為你至少能同時看到兩個側面。設想下面幾種情況：

- 假設這支六角鉛筆中只有一個面是刻字的，那麼你必須旋轉到某個角度，你才能看到品牌和型號資訊。
- 如果這支鉛筆中有兩個面是刻字的，那麼至少會有兩個相鄰的空白面，當這兩個空白面正好面向你時，你也看不到相關的資訊。
- 如果這支鉛筆有四個、五個、六個面是刻字的，那麼資訊露出是沒問題了，但是就會顯得多餘而重複。

更重要的是，刻字面與留白面的一隔一相間顯得疏密有致，很和諧，這也是一種美。

中華鉛筆六個側面雖三面留白，但仍舊傳達了該傳達的資訊，起到了該起的功用，若鋪滿了反倒就不好了，這體現了一個重要的品質——克制。在現在這個時代，我們遇到了太多不懂得克制之妙的人、事、物：

- 打開一個網頁，就會看到到處閃動的廣告。
- 一個人稍微有些亮點，就把他捧上天；稍有錯誤，就把他踩到地上。
- 宴席上擺滿了不可能吃完的大魚大肉。
- 在街上攔截行人，以極快語速說個不停的銷售人員。
- 自我介紹的頭銜列了二、三十項。

過猶不及，如果這些東西鋪得不是那麼滿，效果反而會更好，可是有些人就是不知道。有時候這些簡單的道理沒有人直接告訴我們，但我們可以從一些東西上去找到，比如一支暢銷了幾十年的鉛筆。所以，一件產品的外觀（或者說裝飾）體現了這件產品的「風格」（或者說「氣質」），它是恬靜的還是聒噪的，是前衛的還是保守的，是嚴肅的還是戲謔的，你都能從其裝飾上看出來。

練　習

觀察與分析三種飲品的外包裝，比較它們不同的風格和氣質，例如：
- 江小白牌小瓶高粱酒、椰樹牌椰汁、昆侖山牌礦泉水。
- 金門純麥酒、津津蘆筍汁、悅氏礦泉水。

　　觀察商品的包裝，除了能體會到它的風格氣質之外，還能切切實實學到一些知識。很多包裝的作用就像產品說明書，能告知我們很多資訊。下圖是一款咖啡豆的包裝盒：

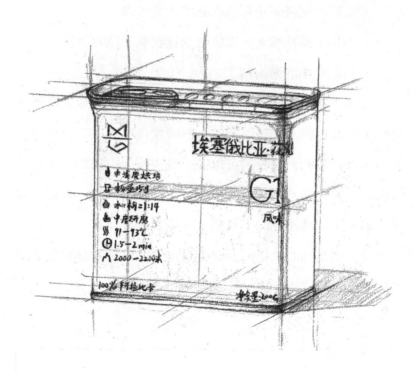

圖 1-6　咖啡豆外包裝紙盒

　　這個包裝足以讓一個咖啡新手學到很多知識。盒子的正面給出的一系列資料是咖啡加工過程中的幾個重要參數，這

些參數是「客觀」值，而「風味」一欄給出的四種風味是「主觀描述」，它的意思是，當你喝這款咖啡時可能能聯想到的氣味。比如這款豆子會有玫瑰的香氣，這種香氣不是說它包含真的玫瑰氣味，而只是一種類比。咖啡的香氣是複合的，很難用單一的詞彙來描述，所以就會用若干種其他的氣味描述加以組合，來「類比」它的複合氣味。

於是乎，從一個小小的包裝上，我們所學到的知識並不遜色於我們從書本上收穫的。我們可以把一個精心設計的包裝當成一本書來讀，那麼當我們走進一家大超市時，就像走進了一座圖書館。能不能吸收到知識，能不能獲得啟發，全看你有沒有這樣的意識，會不會選擇合適的視角了。

工藝：察微知著，方知別有洞天

分析完了包裝外觀這個角度，我們再來看看鉛筆的製造工藝。也就是說，鉛筆是如何製造出來的，難道你不好奇嗎？

從外觀上來看，鉛筆的木製外殼是中空的六方柱，中間的芯條是細長的圓柱體，那麼問題來了，這兩個東西是怎麼組裝在一起的呢？

我們最容易想到的方法一定是先製作好外殼，然後把圓

芯穿插進去吧。可是這個「插」該怎麼做呢？觀察可見，墨芯和木殼之間貼得很緊，幾乎是沒有任何空隙的，這說明木殼的內徑和墨芯的外徑極為接近，這種情況下進行穿插，如何保證筆芯不折斷？又需要克服多大的摩擦力呢？稍微想像一下，要實現這樣的工藝，實在是太難了。

那麼有沒有別的方法呢？

把鉛筆的一頭拉近，或者放在放大鏡底下仔細端詳，或許你會發現，鉛筆的圓柱兩端平面上似乎存在一條居中的分界線，分界線的兩邊，木材的顏色和紋理存在細微的差異。

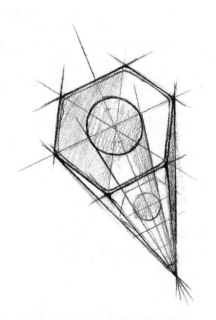

圖 1-7　鉛筆圓柱的平面

　　這說明了什麼呢？莫非組成這個外殼的是兩塊不同的木頭？對。很可能鉛筆的外殼本就不是一個整體，而是分成兩部分，所以每一部分的木材來源會有不同。在某道製作工程上，需要把兩部分的外殼合二為一，才能形成完整的外殼。

　　按照這個思考方式進一步推測，一個更合理的鉛筆製造方法就浮出了水面，也許簡單來說就是下面這三個步驟（在以下各步驟中，會在必要時使用某種黏合劑，使各部分連接穩固）：

　　第一步：取一個木製「半殼」，凹面朝上放置。

　　第二步：把圓柱形的筆芯放置在半殼中。

　　第三步：把另一個木製「半殼」覆蓋其上，就像蓋上一個蓋子。

　　根據美國技術史研究者佩卓斯基的著作，這基本上就是典型的鉛筆生產工程了，只不過出於批量生產的需要，再多了一點效率上的優化罷了。

　　在鉛筆製作工藝上的誤會來自思考過程中的「想當然」。我們想當然地認為既然鉛筆分成筆芯和外殼，那麼製作鉛筆的方式當然就是把筆芯插入外殼。把筆芯用 A 表示，外殼用 B 表示，那麼我們想當然的製作方式便是：「A + B」，然而實際上的製作方式是：「(A + 0.5B) + 0.5B」。我們被顯

而易見的東西騙了，總是把最容易想到的答案當成了唯一正確的答案。

英國文學家蕭伯納說過一句非常富有智慧的話：「對每個複雜問題，都有一個簡單的錯誤答案。」這讓我聯想起以前做過的使用者研究工作。很多低水準的從業者，會用一種通俗的分類方法去劃分使用者，比如性別、年齡、教育程度、收入水準等，按照這些「顯而易見」的面向去把用戶劃分為若干類，然後分別探究每個類別使用者的心理和行為特徵，這種方法真的有效嗎？我覺得它的效果是非常有限的。

研究使用者如果只需調用這種幾乎不用動腦筋的分類方法，那也太簡單了吧。更真實的情形是，幫使用者分類本身就涉及對使用者的洞察。一個有近似行為特徵的使用者集合是需要透過研究去發現，而不可能簡單地從性別、年齡這些面向去找，這些簡單的劃分帶來的更有可能是「刻板印象」的強化，是把「一個簡單的錯誤答案」一再地重複而已。

所以，任何一個領域研究到比較深的程度以後，你會發現原本很多想當然的看法會被顛覆，那些表面看來天經地義的事情其實是錯的。就像一件東西的製作工藝，其中很可能包含了絕大多數人想像不到的機巧和智慧，它們很可能就來自長期實踐歷程中湧現出來的若干次靈光一閃。如果你學會

以這種視角去觀察事物，那麼你所能得到的，一定比別人要更多，更不用說，這種觀察本身就是一種非常好的思維練習。這是一個典型的過程：先是細緻的觀察，然後找到某一個關鍵性的線索，再反向推導出隱含的原理、結構和過程。是不是特別有意思呢？這有點像破解一個謎題或者破一個案子一樣，本質上都差不多，都需要你探索隱藏的資訊，然後把線索連接起來，再在頭腦中構想出各種可能性。

　　從觀察的視角來說，我們所見之物都是「結果」，而我們不應滿足於結果，還要關心「過程」，也就是去推測什麼樣的過程才會形成這樣的結果，這種視角上的轉換，顯然能讓我們知道更多。從商業的角度來講，絕大多數製成品都需要購買才能得到，所以得到「結果」是需要花錢的。但是，若我們知道了「過程」，那麼我們便能經由這個「過程」自己來創造「結果」，然後再賣給別人。所以，有關「過程」的知識才是真正能賺錢的知識。

　　雖然鉛筆的生產過程可以在公開資料中找到，並不是什麼祕密，但是更多的東西，我們其實不知道是怎麼製造出來的，這就牽涉到另一個很有趣的話題－－隱藏知識。很多真正有價值的知識被隱藏了起來，它們不能公開，因為一旦公開，商業利益就會蒙受巨大的損失。比如，蘋果公司就是

一個將保密做得非常好的公司，這家公司是怎麼做技術研發
的、怎麼做產品設計的、怎麼做人員管理的，都不為人知。
我們知道的是賈伯斯的個人神話以及一款又一款明星產品，
知道的是閃亮的結果，這個話題我在下一章中還會討論。

　　回顧前文種種的分析和探討，實際上我們是從四個方
向對鉛筆這個日常不起眼的小物件進行了徹頭徹尾的重新解
讀，這四個方面是：材質、造型、裝飾、工藝。對於日常所
見的器物，我們都可以用這幾個不同的視角去觀察和分析，
同時也能拓展到其他有形或無形之物。

03

以完整眼光，致知閱世

　　觀察是我們必須要學習的一課，可惜這一課對於我們大多數人來說是缺失的。發現始於觀察，觀察帶來問題，問題又會引起我們的沉思。而觀察是否有效，大抵上取決於我們是否能靈活變換我們的視角和焦點。

穿越概念的「叢林」

　　比如鉛筆是一個八面體，它有六個側面和兩個端面，如果不觀察它的每一個面，就不可能完整地認識它。可在我們身處的世界裡，鉛筆又是一個如此簡單的東西，大多數的物、事、人、情都比它複雜。因而可以說，所有東西都是「多面體」。它們不止有八面玲瓏，很可能有十幾、二十幾個「面」或者更多，只不過這其中，有些「面」是有形的，有些「面」是無形的，有些「面」浮於淺表，有些「面」隱於深谷。

　　如果我們對一件事物的視角是固定、唯一的，那麼就相

當於我們只看到了它的一個面，在這種注視下，多面體向內塌陷成了一個平面。由此，我們從其中得到的資訊是殘缺的，觀感是片面的，認知是有偏差的。只有善於從不同的視角去審視，靈活地調整我們的焦點，才可能完整地認識一個事物。

我們周遭的任意一件東西，都比我們想像的要複雜，只不過這些複雜性被我們有意無意忽略了，因為我們已經習慣了用「概念」去理解這個世界，而不是用自己的眼睛。

當我們用「概念」去認識一個東西時，只需要瞥一眼就可以了。假設現在，你面前放著一個光線可穿透的容器，你只需定睛一瞧，就可判斷這是一個玻璃杯，而「玻璃杯」只是一個概念。概念簡化了資訊，它幫我們把事物分門別類，見一物而知其類別，是一瞬間就能完成的事，我們不能稱這個過程為觀察。

但是你能夠僅憑「玻璃杯」這三個字還原出眼前的杯子嗎？不能，因為有很多細節你不知道。如果你想搞清楚這個玻璃杯是怎麼設計的，有什麼特別之處，看一眼是不夠的，只知道概念是不夠的，你需要反復看，用不同的方式去看。這意味著你要選擇不止一個焦點，或許前一秒你觀察的是杯子的沿口，下一秒你就聚焦在杯子的底部了。

每次作一意求之

　　每一次視角的選擇都意味著挑選一部分資訊，而忽略其他的資訊，只有這樣，我們才能達到「片面的深入」。因為認知心理學告訴我們，人在某一個瞬間能同時處理的資訊量是非常少的，也就是說我們無法「並行」處理太多的東西，我們只能一個一個來。比如當我們研究幾何構型時，我們可以先暫時把材質構成、外觀紋飾和生產工藝放在一邊，這也與我平日裡對高手的觀察相符。

　　一個高手的明顯特徵是觀察和思考的有序性，而普通人則往往會一股腦兒地把不同的東西雜亂無章地攪和在一起，所以選擇觀察的視角就是選擇一種資訊過濾的方式。在當下的焦點之外，與焦點無關的資訊就屏蔽掉好了。在沒有無關資訊干擾以後，你就可以專注地去觀察、分析、整理焦點之上的資訊。等這個步驟完成，當然你可以再作變換，另選一個焦點，重複上面的步驟。

　　這個方法最早的來源可能要追溯到蘇東坡。有親友曾問他該如何讀書，他回信中提出了一種逐次選擇關注焦點的方法：「少年為學者，每一書，皆作數過盡之。書富如入海，百貨皆有之。人之精力，不能兼收並取，但得其所欲求者爾。

故願學者每次作一意求之。如欲求古今興亡治亂、聖賢作用，但作此意求之，勿生餘念。又別作一次，求事蹟如實，典章文物之類，亦如之。他皆仿此。」

翻譯成白話是什麼意思呢？簡單說，就是一本好書一定要讀好幾遍（作數過盡之），每讀一遍只盯著某一個方面的主題（每次作一意求之），與該主題無關的都不用管，全部屏蔽掉（但作此意求之，勿生餘念）。比如他還談到，如果是《漢書》這樣的史書，每讀一遍可以選取的焦點包括治道、人物、官制、兵法、財貨等等，如果讀書都這樣讀，便可以達到「精竅」之功。

其實「每次作一意求之」的方法完全可以推而廣之，因為它非常符合人的認知規律。因為人的認知活動有賴於心理學家稱為「工作記憶」的東西，而工作記憶的容量是非常有限的。如果同一時間人的頭腦裡塞入太多的東西，那麼勢必會顧此失彼，難以應對。

打個比方，在一個堆滿雜物的房間，人是無法靈活行動的，轉個身都有困難；只有在一個有充足空間的房間裡，人方可以跳舞、健身、打滾以及做任何想做的事情。所以基本的方法就是，把一個並行、複合的過程加以重構，變成一個串列、逐次的過程。

放大來看，「每次作一意求之」是普適的思考和學習方法。先分開，逐一處理，再想辦法整合，放到一個整體中去考慮，思維的條理性就體現於此。

資訊應多方合攏，人事須考慮周全

所謂「讀物」的方法，跟「讀書」也是一樣，選擇不同的視角，然後一個一個去看、去分析，最後把所瞭解到的一切都聚攏在一起，就能得到一個完整的答案。

但是「讀物」這件事也有其獨特的價值，那就是它更加接近思考和行動的終點，因為一個器物的功能是「用」，而書本的功能是「讀」。也就是說，一個器物的構成要素是為了「用」而組合在一起的，因而對一個器物研究透澈，從知識論的角度來看，也就意味著當你知道什麼樣的知識組合在一起時，就能實現某種特定的功用。換句話說，一件器物本身就提供了關於如何「學以致用」的一組答案。透過讀物，我們就能知道知識是如何整合在一起的，以實現某個現實的目的。

比如剛才我們把鉛筆拆解來「讀」，鉛筆的背後有數學、物理學、化學和工程學的知識，又與設計、審美、創意等相

關聯，如果單獨去學習不同學科的知識碎片，我們可以透過看書、透過網路搜尋來實現，但是這些都只是碎片而已，我們很難獨立地把不同學科的東西整合在一起。可是透過「鉛筆」這個橋樑，我們能實現多學科知識的「小範圍」融合。

也許你從沒有認真思考過，像鉛筆這樣的小東西，背後有著這麼多知識可以挖掘，但是事實確實如此。甚至可以說，我們日常所見到的任何東西，隨意選取一樣，只要深挖下去，都會發現是深不見底的。即便深挖這些東西對我們不能帶來立竿見影的好處，但作為一種思維練習也是極好的。

除了「讀物」之外，我們還要學會如何「讀人」。如果說「讀物」的主要障礙是「概念先行」，那麼「讀人」的主要障礙就是「刻板印象」。刻板印象在我們當下的文化中無處不在，比如「八○後」、「九○後」這樣的稱謂，以年分劃分來替人分類，就容易形成刻板印象。這種劃分好像在暗示，八○年代出生的人都很相似，九○年代出生的人都很相似，八○年代的人和九○年代的人又很不相似，其實不管什麼年代的人，都是參差百態，各有不同。還有一種性別的刻板印象，「女博士」、「女司機」這種稱謂被賦予了某種歧視的含義，都是刻板的。出身和家境的不同，也會讓人以刻板印象處之，「富二代」常常暗含著一種「紈褲子弟」的意

思，但是「富二代」中難道就沒有勤勉精進的人嗎？當然也有很多。

　　刻板印象本質上就是拿一種固定的視角去看人，得到的結果當然是偏頗的。如果你看人的方式是偏頗的，那麼就會帶來溝通上的誤會，甚至容易產生摩擦和矛盾。人與人之間的爭端不就是誤解造成的嗎？如果你有意識地從不同的視角去看一個人，偏見和誤解就會減少很多。

練　習

想一個你比較討厭的熟人，列舉出他的三個優點。

　　「讀人」還要克服的一個問題就是「自我中心」。人的天性是從自己的角度去看待一切，古代的人認為，地球是宇宙的中心，太陽繞著地球轉，這就是自我中心思維的一種。在生活中，「自我中心」的心態就像一面哈哈鏡，扭曲了我們對這個世界和周圍他人的認識。舉個例子，「偶像崇拜」就是一種典型的自我中心心態，這可能會讓人覺得奇怪。偶像崇拜難道不是以「偶像」為中心嗎？為什麼也是自我中心呢？

　　其實偶像崇拜本質上是以「我崇拜某個偶像」的自我感受為中心，當一個人崇拜著某個偶像時，他會把一切與崇拜該偶像相符的正面行為視為天經地義，把一切反面行為視為不可忍受。他無法理解為什麼有人會不喜歡這個偶像，甚至討厭這個偶像，如果矛盾激烈的話甚至會引發粉絲間的「戰爭」。偶像崇拜者無法做到換位思考，無法去理解那些不同於自己的人，因為本質上，他是「自我中心」意識的俘虜。

　　要完全擺脫自我中心是不可能的，也沒有必要，不然我們都無法在社會上生存。但是在有些時候，適當地從這種思維中跳脫出來，換到別人的角度去思考，卻是非常必要的。如果這個人是你所服務的顧客、是你的產品使用者、是你公司裡的上級或者下級，或是你的伴侶或者親人，那麼你就需要有意識地培養自己換位思考的能力。

　　比如，現在你想創業，你想做一款富有創新性的產品，但是你遇到的難題是，你不知道這款產品一旦投入市場，會不會受到歡迎，或者說，受到多少歡迎。這種判斷其實取決於你對他人的洞察，你能不能洞察出其他人（也就說那些與自己不同的人）真正的需求，並且滿足他們。滿足人們的需求，超越人們的期望，這是一切產品或者服務成功的祕訣。

　　可是要知道，很多人有什麼需求很可能他們自己都不清

楚，只是有一種模模糊糊的感覺放在心裡罷了，而你所要做的是站在他們的角度，幫助他們提煉出來。你不能只是站在自己的角度考慮自己喜歡做什麼、擅長做什麼，而不去考慮別人的需要。誠然前兩者當然也很重要，但是從現實來講，如果與他人的需要不相符，除了你自己之外，誰會在乎你的愛好和擅長呢？誰會承認你呢？

　　「自我中心」是一種非常強的引力，有時候你需要像一枚火箭一樣去掙脫這個引力，進入一個新的視角，去看待這個世界。首先，這是一種意識，然後便是一種有待訓練的能力。

心智練習：學會求解思維謎題 ——————

　　解決問題的關鍵是改變看問題的角度。當我們遇到一個問題時，頭腦裡會自動形成某個理解問題的角度。如果這個角度正好能夠幫助我們解決問題，那當然很好；但是如果解決不了，那就說明需要換個角度來尋求突破了。但現實往往是，原本的角度會成為思維定式，禁錮了我們的思考，成為解決問題的障礙。所以一個解決難題的高手往往能夠靈活地變換看待問題的視角，我們需要有意識地訓練多視角看問題的能力，才可能成為解決問題的高手。

　　現在我以一些典型的思維謎題為素材，讓大家體驗如何變換視角來解決問題。

> 例題一

　　在某項體育賽事中，六十四支隊伍捉對廝殺。該賽賽制不設小組賽，而是全部為淘汰賽，一輪一輪比賽晉級，直至決出最後的冠軍。請問正常情況下，這項賽事將進行多少次比賽？

解析

　　一看到這個題目，大多數人的角度都是從第一輪比賽開始考慮，先想總共六十四支隊伍比賽一輪會有多少場比賽，然後想下一輪又會有多少場比賽。從這樣的角度去考慮當然也可以，但是還是太繁瑣了。那麼，能不能換一個視角來看，從最後一場比賽來分析呢？

　　最後一場比賽肯定是冠、亞軍決賽，在此之前六十二支隊伍已經被淘汰了，只剩兩支。而這兩支隊伍透過一場比賽，又淘汰了一支（把亞軍理解為淘汰），所以最後一場比賽淘汰了一支隊伍。然後想一想，倒數第二場比賽淘汰了幾支隊伍呢？也是一支吧。更往前呢？你會發現無一例外，每一場比賽都會不多不少淘汰一支隊伍。也就是說，六十四支隊伍最後剩下了一支，一定是發生了六十三場比賽，淘汰了六十三支隊伍，所以答案就是六十三。

　　可見，變換了視角以後，問題化繁為簡，就被迎刃而解。

例題二

　　有一位老師手裡拿著一片長方形的巧克力，她想用手掰的方式把這塊巧克力平均分給在座的八名學生，請問她需要掰幾次才能做到呢？

解析

　　很多人一看到這道題目以後，可能會馬上拿出一張紙，開始畫起來：嗯，這裡切一刀，那裡切一刀，一下子八塊就分出來了。有人會說他三刀就可以切八份，也有人說他四刀切八份，可惜這些答案都是錯的。

　　分巧克力不是切蛋糕，想像一下，一塊完整的巧克力，你用手掰開便是一分為二，一塊變成兩塊。再想像一下掰開第八塊時的情景，也是一分為二，一塊變成兩塊，然後再倒推……實際上，每一次掰巧克力，結果都是比原先多出一塊，所以正確答案是掰七次，才能得到八塊巧克力。

　　請大家時刻記住，人的思維是非常容易固化[2]的，用一種固定的視角去看待問題是大多數時候我們無法求解問題的根本原因。當你被一個問題困住的時候，一定要想想還有什麼角度是你還沒有想到、還沒有嘗試的，就有可能「柳暗花明又一村」。

---

2 固化：指對於某些事物形成固定看法或觀點。

例題三

猜出下列表格中問號處的數字。

5	9	3	13
10	8	15	5
13	9	6	18
14	12	21	?

解析

　　在一個矩陣數謎之中，我們需要從數字陣列中尋找暗藏的規律。一般來說，規律可以從三個角度入手去找，一種是一行一行地看，一種是一列一列地看，然後就是按對角線斜著看。而這個謎題相對是比較簡單的，因為只要一行一行地看，就能發現規律了：第一行靠左的兩個數字之和是 14，靠右的數字之和是 16，再看第二行靠左的兩個數字是 18，然後是 20、22……直到第四行最右兩個數字之和就應該是 28，所以問號處應該是 7。

　　如果說這道數字謎題可以從常規視角來解決的話，那麼接下來這題就要麻煩很多，除非你能發現意想不到的新視角，不然就很難得到答案。

例題四

猜出下列表格中問號處的數字。

5	7	9	4	8
6	2	5	5	7
3	8	6	3	2
9	1	8	8	3
4	3	4	3	?

解析

　　在這個數字謎題中，用常規角度去找規律都會無功而返。似乎這些數字都是隨機排列，毫無規律可言。真的是這樣嗎？

　　換個角度看，如果我們把第一行左邊兩格的數字連起來當作一個兩位數來看，也就是 57，再把第一行右邊兩格的數字當作一個兩位數，也就是 48，你會發現中間那格正好是這兩個兩位數之差。再看第二行，也是這樣的模式，這樣一來就豁然開朗了，一旦發現規律，答案就不言自明，問號處的數字是 9。

　　如果我們對比問題三和問題四，會發現雖然都跟數字有關，但是求解這樣的題目幾乎不需要用到什麼數學知識，也

不需要特別好的計算能力。與其說它們是數學題,不如說它們是「觀察題」,考察的就是你能不能從不同的角度去觀察,能不能擺脫固定的視角和思維的局限。透過這類數字謎題,我們能訓練自己多視角觀察的能力。

下面這些題目請大家獨立完成:

練習一:

猜出下列表格中問號處的數字。

2	2	16	26
4	10	42	466
6	68	288	754
110	178	1220	?

練習二:

猜出下列表格中問號處的數字。

8	5	4	52
12	2	7	98
6	4	6	60
11	12	4	?

練習三：

購買一到兩本邏輯謎題或數學謎題的書，每天做幾題，當作腦部訓練。

第二章
層次

淺入知識的深海

層次思維的關鍵，
在於能不能從熟悉的層次裡跳脫出來，
進入更小或者更大的層次。

01

商業世界中的隱藏知識

出於好奇，我想知道紅遍大江南北的黃燜雞米飯到底是何方神聖，為什麼能後來居上，與沙縣小吃、蘭州拉麵齊名？能做到這一步，一定有過人之處吧。

吃過一次以後，我似乎就找到了答案——鮮。黃燜雞米飯的湯實在太鮮了，我總會一喝就連喝好幾口，像是著了魔一般，恨不得一飲而盡。

「嘗」得到卻看不到的知識

鮮味何來？我覺得不僅是雞肉的鮮味，也不止於香菇的加持。在這碗帶湯的黃燜雞菜品中，肉眼可見的食材就雞肉塊、香菇、老薑、青菜四種，其中雞肉塊特別多，而香菇只是點綴，雖然香菇是提鮮的好手，但也不可能燒出這樣的鮮香味出來。所以更具可能性的解釋是，黃燜雞的湯汁是另外調配出來的。

　　我查了一下資料，黃燜雞米飯原本屬於魯菜中的一道。魯菜是八大菜系之首，傳統上地位尊崇，但是現今不如其他菜系（比如川菜、粵菜）那麼流行了，而黃燜雞米飯的連鎖小吃生意從山東起家，迅速擴散至全中國，目前有上百個品牌、上萬家分店，算是又為魯菜壯大了一次聲勢。

　　但是作為連鎖餐飲的黃燜雞米飯（不同品牌有上百家之多），做法跟傳統的魯菜做法又不太一樣。為了讓成千上萬加盟店能快速複製出相似的味道，品牌方會把包裝好的醬汁分發配送，店家只要拆開醬汁包，再跟雞肉塊等倒在一起燉煮，就能把一碗碗足夠鮮香的黃燜雞端上桌。

　　我們一般做家常菜，不會把「做醬汁」作為一道單獨的程序，醬汁在我們眼中只是一個配角，即便要用到也是隨用隨做，並不會額外多費工夫。可是在許許多多的連鎖餐飲業中，「醬汁」反客為主，成了塑造穩定味覺體驗的關鍵。所以，當我享用黃燜雞米飯時，鮮味十足的湯汁既讓我欲罷不能又關不住我的好奇心——黃燜雞米飯用的醬汁到底是怎麼做出來的呢？

　　問出這個問題後，隨即我就明白，我不大可能得到這個問題的答案。可口可樂的配方都保密了好幾十年，黃燜雞的配方為什麼要讓你知道呢？所以，一份看似簡單的黃燜雞米

飯其實也不簡單。它包含了兩種知識：一種是放在明面上的知識，只要透過簡單的觀察就可以得到，比如老薑是必備的佐料，因為我能看得到；還有一種是潛於暗處的知識，也可稱為「隱藏知識」，醬汁的配方中有哪些東西是透過某種程序製作出來，我們看不見也吃不出，這就是暗的知識。

　　「隱藏知識」在商業世界非常重要，地位舉足輕重，因為明面上的知識誰都看得見，誰都能效仿，一旦效仿的人多了，競爭也就更激烈，要在競爭中取勝自然就更艱難。如果你掌握了某些難以破解的「隱藏知識」，利用這些知識來製造產品和服務，那麼你就有可能在一個比較長的時間裡穩穩占據市場優勢。

　　那麼，既然隱藏知識是隱藏的，所以我們不可能從任何公開的管道獲得，於是可以推論：

- 凡是寫在書本上的知識，都不是隱藏知識。
- 凡是在學校裡講授的知識，都不是隱藏知識。
- 凡是能在網路上搜尋到的知識，都不是隱藏知識。

　　如果有知識能夠從公開管道獲取，它就不具有「隱藏」的特徵，它在商業競爭中的效用就有可能減弱或者失去。

　　可以想見，在黃燜雞米飯的連鎖生意中，醬汁的神祕特徵是其商業成功的關鍵。不僅消費者不知道，甚至那些加盟

的店長們也不知道。與其說，一包包製備好的醬汁調料封裝的是某一種味道，不如說它封裝的是某一種知識，是關於如何做出這種味道的知識；與其說這些連鎖餐飲品牌賺的是醬汁的錢，不如說賺的是知識的錢，知識是以醬汁的實體形式被售賣，賣出了成千上萬份的拷貝。

隱藏知識發端於實踐

醬汁所封裝的知識不可輕視，這一類知識的背後也許是某一位大廚幾十年經驗的總結，也許是無數次烹調試驗之後得到的最佳比例，甚至有可能來自具有悠遠歷史的「祖傳祕方」（當然，自稱「祖傳祕方」的很多東西是騙人的，不過是一種行銷話術，但是也不能排除有真實的祖傳祕方）。所以從本質上來講，黃燜雞米飯的成功是基於已實踐的隱藏知識為緣起，再經由成熟的封裝和分發步驟得以創造出獨占性收益的故事。

黃燜雞米飯中的隱藏知識跟專利中的知識不太一樣，專利是公開的，任何人都可以在網路上搜尋並查看專利，當然如果要使用專利中的知識來盈利，必須獲得專利所有者的授權。但就知識本身來說，專利中的知識並非隱藏知識，也正

因為專利的公開性，有些公司為了杜絕核心知識洩露，乾脆就不申請專利，完全將其置於暗處。早在兩百年前，就有絕頂聰明的人物想清楚了這一點。

　　十九世紀三○年代，居住在倫敦的年輕發明家亨利・貝塞麥（Henry Bessemer）偶然得知用來裝飾畫作的金粉售價高昂，每一磅（約四百五十三克）能賣到五英鎊多。他買了一罐拿回家檢驗，發現這些金粉並不含任何的黃金成分，成分全都是銅。以銅為材料，經由特定的工藝，做成極細微的顆粒後，就能形成類似金粉的視覺觀感。這些「金粉」在歐洲的油畫、壁畫、建築裝飾中應用廣泛，銷量很好，畢竟很少有人會富裕到用真金來做裝飾。

　　那麼為什麼銅做的「金粉」也能賣很貴呢？原因是這個東西並不好做，能生產這種產品的商家非常少，而且全部來自德國紐倫堡，其他地方的人根本不知道生產方法。於是貝塞麥就做了兩件事：首先他去大英博物館拚命找資料，翻到一本《工藝全書》，這是一本工藝大全，在書裡面他找到了生產銅質「金粉」的方法，但是全手工製作，非常繁瑣費時，他斷定這就是紐倫堡工匠生產「金粉」的方法。第二件事，他想能不能幫這個傳統工藝做一番改進，因為手工生產成效非常低，也導致了價格高昂。如果他能設計一套工藝，用機

器來生產，那麼不僅成本更低，而且品質會更好。

　　經過了幾個月的嘗試，貝塞麥以蒸汽機為動力，改造現有的金屬加工設備，終於找到了用流水線生產「金粉」的方法。更令人讚嘆的是，接下來貝塞麥意識到這個能給他帶來巨額利潤的生意絕對不能被外人所知，所以想盡了一切辦法來保守祕密，包括：

1. 沒有申請專利。

2. 不購買成套的金屬加工設備，而是從不同的地方購買零件，然後自行組裝，這樣就不會有人以成套設備的購買紀錄為線索，猜出他的生產工藝。

3. 生產車間只有一個入口，沒有窗戶，設備在三個隔間分別放置，在牆上打洞使各設備連接，整個車間宛如一個黑箱。

4. 整個流水線盡量自動化運行，把用人數降到最少，減少洩密的可能性。

5. 瞭解全部工藝和設備的人只有貝塞麥和他信得過的三個親戚。

按照這個方式，貝塞麥的「金粉」製造工藝保密了四十年。

雖然銅質「金粉」的價格只有原先產品的四十分之一，

但還是賺得盆滿缽滿。他把這些錢拿來做其他的發明創造，遍地開花，這其中最重要的一個發明是「底吹酸性轉爐煉鋼法（貝塞麥轉爐煉鋼法）」，這是第一個大規模煉鋼方法，推動人類走向了鋼的時代。他一生中獲得了一百一十四個發明專利，其中許多讓他獲利頗豐，也讓他成為了十九世紀歐洲首屈一指的發明大王，也是用頭腦致富的典範。

貝塞麥用極為保密的方式生產自己研發的銅質「金粉」是非常明智的，這讓我想起二○一七年的一則新聞。老乾媽公司的一名員工竊取了老乾媽辣椒醬的生產工藝等重要資訊，另起爐灶開設工廠，生產出了口味極其相似的仿製品，所幸被警察機關抓獲。但是商業機密一經洩露，據說造成老乾媽高達千萬元的損失。從這個案子可以看出，生產工藝的保密性對於老乾媽是多麼的重要，直接關係到其命脈。

兩種知識，不宜厚此薄彼

如果我們還是用知識的視角去看，不論是老乾媽的辣椒醬還是貝塞麥的銅質「金粉」，它們的生產工藝都是價值極高的知識。而這些知識，它們並沒有寫在書上。

我們一直以為寫在書上的才叫知識——錯了！

　　我們從小到大讀了這麼多年的書，國文、數學、英文、物理、化學、生物乃至讀到大學專業科系、碩士，結果發現，如果你不是繼續做科研，那麼學到的大多數理論知識，能夠派上用場的機會是不多的。這背後的原因是什麼呢？

　　簡單來講，書本上的理論知識需要學嗎？當然需要。但是，理論知識對於能否做成一件事來說，只是非必要充分條件，還需其他知識的配合才行。

　　史丹佛大學的航空工程學專家沃爾特・文森蒂（Walter Vincenti）認為，知識可以分成兩大類：一類叫「陳述性（descriptive）」知識，還有一類叫「規定性（prescriptive）」知識。陳述性知識指的是描述事物本來面目的知識，比如物理和化學知識描述了物質的內在屬性，就屬於這類知識。而規定性知識指的是要實現某種規定或者標準所需要的知識，比如要想做出特別好吃的剁椒魚頭，應該有一些特別的技法或者用料上的講究，這些就屬於規定性知識。

　　把一件事情做好，需要陳述性知識，也需要規定性知識。切記，只有陳述性知識是不夠的，就算你已經掌握了相當多的物理和化學知識，難道就能以此推演出製作上等剁椒魚頭的方法嗎？我猜是不能的。儘管烹飪本身是可以還原為一系列的物理和化學反應，但是具體怎麼做，這背後的一系列操

作是無法靠推導得出的。而對於經驗豐富的廚師來說，他就知道怎樣做。

那麼一個大廚的頭腦中，到底有著什麼樣的知識呢？簡單來說，大廚擁有非常複雜的知識體系。比如他至少懂得一、兩百種常用食材的習性，有些大廚還很在意食材的產地，必須要去最佳產地找相應的食材；再比如他得懂用刀，懂什麼樣的刀適合處理什麼樣的食材，也許每個大廚都有一套自己專用的刀具，用起來才能得心應手，發揮上乘功力；同時大廚恐怕還要懂點熱力學，他得分析什麼樣的鍋有什麼樣的熱傳導特點，適合烹製什麼樣的食物；當然，他最好還具有相當的美學素養，懂得塑造食物的視覺美感，用第一印象征服挑剔的食客。當你把這些廚師所需要的知識、技能羅列出來，你會發現它們就像一棵樹一樣，伸展開來，既繁且廣。

有一種觀點認為，只要從理論性質的「第一原理」出發，就能推導出現實世界種種可行的方法和路徑，就像歐幾里得從幾個幾何公式出發推導出了幾何學的體系。但我想，用這種方法應該是培養不出好的廚師的，因為現實世界是如此錯綜複雜，完全不同於抽象的數學，是不能僅靠演繹法得來的。現實世界更像一個大型的搭積木遊戲，無數塊積木一層層地堆疊，變成我們所見的一切。

　　這些文明中的模組，有些來自數學、物理學、化學、生物學、經濟學、心理學這樣的理論知識，有些來自各個實踐領域無數次的試錯和經驗總結，有些來自發明家和設計師極富創意的巧思。換句話說，這些知識的模組中，有些是陳述性知識的模組，有些是規定性知識的模組，有些是顯性知識的模組，有些是隱藏知識的模組，只有兼收並蓄、配合使用，才能堪當大用。

打開洞察隱藏知識之眼

　　所以對於一個學習者來說，他一方面要盡力多學習可見的知識，另一方面也要多多探索不可見的知識。在任何一個領域或者知識體系之內，一定既包含了可見的知識，也包含了不可見的知識，你要學會如何在這個領域中發現，然後掌握這兩類知識。可見知識的學習可能難也可能易，但不管難易，畢竟是有的放矢、有跡可循；而不可見的隱藏知識，與其說是去學習，不如說，要依靠自己來探索、來創造。

　　你有沒有想過，你也可以創造自己的隱藏知識呢？

　　有一次我去一位朋友開的餐廳吃飯，朋友送上來一杯橙紅色的鮮榨果汁讓我嘗嘗。我一喝，覺得味道真不錯，朋友

故作神祕地問我：「你猜猜，這杯果汁裡有什麼？」

我一愣，想了想說：「我吃出了蘋果的甜味，還有比較濃烈的胡蘿蔔味道，嗨，這不就是常見的蘋果胡蘿蔔汁嗎？」

朋友微微一笑說：「還差了一點，你有沒有發現我這杯蘋果胡蘿蔔汁和你以前喝的不太一樣？」

我說：「嗯，確實是好喝了很多……你還加了什麼？」

朋友終於露了底：「我還加了點百香果汁，不多不少，就三滴，這樣一來整杯果汁的香氣就被吊出來了。」

朋友的這杯果汁裡，蘋果和胡蘿蔔是可見的，而僅有三滴的百香果汁是隱藏的。如果沒有百香果汁，它只是一杯普通的蘋果胡蘿蔔汁；有了百香果汁，它變得與眾不同。

好像也不是很難吧。當你開始思索怎樣做好一件事情的時候，也許屬於你的隱藏知識就開始萌芽了。

練　習

請規劃三天的時間，創造一個屬於自己的隱藏知識，例如簡單地調配出一杯好喝的混合果汁，也可以是略為複雜的，比如設計一款新穎的智慧家電。

02

用層次思維理解系統

　　看清楚一個專門的領域所包含的各個層次，有助於我們釐清各種類型的知識。想像一下貝塞麥的「金粉」生產線，裡面有蒸汽機、金屬加工機械，還有一些我們尚不瞭解的技術，它們都是組成這個系統的模組。而就其中某一個模組來說，又可以繼續拆分下去，進入更底下的一層。也就是說，一個整體可以逐次切分成多個不同的層次，一層一層不斷地細分，每一層都包含了若干個模組。布萊恩‧亞瑟在《技術的本質》（*The Nature of Technology*）一書中認為，所有的技術基本上都有這樣的特徵。

容易被忽略的「中間層」知識

　　我們可以把一個技術領域當成一棵大榕樹，榕樹的樹根是這個領域的底層知識，這些知識通常是理論性的；榕樹的樹幹是領域中具有核心地位的知識，它們既以理論知識打

底，又脫胎於現實需要；榕樹的樹冠非常巨大，這個樹冠象徵著領域中出現的形形色色產出物，它們各有特色，但是在本質上又具有相似性。

如果我們用層次的視角去看這棵樹，或許樹根是一個層次，樹幹是一個層次，從樹幹分出來的粗壯樹杈是一個層次，粗壯樹杈分成的小樹杈是一個層次，而繁茂的樹葉則又是一個層次。

其中，居於中間區段的樹幹和樹杈是我們最容易忽略的層次，我們要麼是只盯著最底層、最基本的理論，要麼就是盯著各種表層的現象去做文章；要麼飄得太高，要麼沉得太低。而恰恰是中間層次連接了理論和現實，告訴了我們行動的方法，為解決問題提供了備選方案，是特別值得關注的。所以在學習中有一個很重要的技巧是：發現系統中被忽略的中間層次，然後掌握它。

從熟悉的層次開始，向上、向下延伸

「層次」是我們理解這個世界很重要的視角。正常情況下，我們之所以意識不到隱藏知識的存在，恰恰是因為我們留意到的層次太少了。所以，今後我們在觀察一個東西的時

候，不妨多問自己一句：「我看到的是它的哪一個層次？」

　　按照層次不同，我們可以區分出系統（system）、子系統（subsystem）和超級系統（super-system）。子系統是系統的一部分，而系統又是超級系統的一部分。一輛汽車可以當作一個系統，這個系統非常複雜，它由很多個子系統組成，引擎就是汽車的一個子系統；而在一長列婚禮車隊中，相對於其中的某一輛車而言，車隊就是它所屬的超級系統。

　　但是層次的高低是相對而言的，系統、子系統、超級系統的界定也是相對而言的。引擎本身就可當作一個系統，然後組成這一引擎的各個模組就是它的子系統；而對於一列婚禮車隊而言，它也可以當作整個婚禮排場的子系統。

　　層次思維的關鍵不在於界定不同層次的名稱，而在於能不能從你熟悉的層次上跳脫出來，進入更小或者更大的層次。正如我在這本書裡會反復強調的一點，人的思維是非常容易僵化的，因為人的本性都是在貪求心理或生理上的便利，一旦看待某件事的視角已經成形，那就沒有動力去改變。正是思維的惰性造成了思維的僵化，無論是誰，在某些想法上，他都可能是頑固不化的。

　　所以，當我們能敏銳地看到一件事物擁有不同的層次時，我們便為打破思維僵化開了一個好頭，特別是對我們身

邊習以為常的事物，出於思維上的省力原則，我們總是會停在某一個層次，而不會到不同的層次去看。

　　買衣服當然要照鏡子，要判斷「好看」還是「不好看」，這是在觀察整體的層次。但是這還不夠，往下一層也是很必要的。比如買夾克外套一定要檢查拉鍊是否足夠順滑和堅固，因為拉鍊是夾克外套上最易損壞的零件，而且品質好的拉鍊跟品質較差的拉鍊不論在材質還是做工上差別都特別大。如果你只顧一件衣服在整體層次上是不是好看，而沒有檢查它重要的子系統，那麼很可能買了以後會後悔。

　　當然，不僅往下一層看重要，往上一層也很重要。蘋果不同產品之間的連通性非常好，兩臺以上的蘋果設備便能構成一個相互協作的超級系統。且不說雲端 iCloud 的作用，就拿電視機上盒 Apple TV 來說，如果現在你坐在家裡的客廳，手裡握著一臺 iPhone，面前是電視機和 Apple TV，那麼你在 iPhone 打開任意的影片或者照片，再按 AirPlay，就可以直接在電視機的大螢幕上觀看了。這種「投影」功能，現在很多廠商都有做了，但首創應該是蘋果。

　　如果一個設備能參與到一個超級系統中，發揮互相協作的功能，那麼你購買它其實也購買了一部分超級系統的價值。小米公司在智慧家居上發力很多，推出了很多產品，而

他們的思考方式也是構成一個相互協作的超級系統。我家裡的電子鍋是小米的，有趣的是這個電子鍋是可以連 Wi-Fi 的，於是我可以透過手機上的 App 來控制它，可以遠端開啟、設置預約，還能調整做飯的時長，只要在手機上就可以設置。其他的小米家電也可以透過同一個 App 來控制，一個內置Wi-Fi 模組的電子鍋跟一個沒有 Wi-Fi 的傳統電子鍋相比，它的優勢就是能進入一個超級系統，在這個超級系統裡工作。

　　所以，如果能從不同的層次去看一件東西，在不同的層次之間轉換，那麼我們所得到的資訊更全面，我們的判斷會更明智，隱藏知識也更可能被注意到。高手有一個最特殊的特徵，就是他能比普通人看到更多的層次，並且在不同的層次之間穿梭。

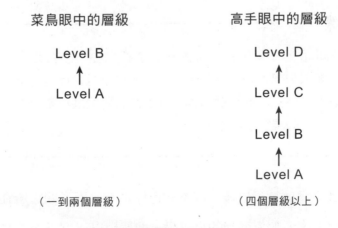

圖 2-1　普通人與高手眼中的層級

讀書需要「組合拳」

　　用層次思維看待讀書，能解決一些困擾了很多人的問題。經常有人問我，他看書也算看得很勤，但是看了之後很容易忘，看一本、忘一本，哪怕一年看了十幾本書，收穫也是寥寥。問題出在哪裡呢？

　　我們看一本書的時候，這本書就是我們要面對的一個系統。一本精心寫就的書呈現的應該是自成體系的內容，體現在章節之間層層遞進，主題和議題反復提及，案例和線索首尾呼應等等。但是在一本書之上更高的層次呢？對於絕大多數人來講，卻是零碎、散亂、不成體系的。不信的話，你可以做一個小測試：

練　習

把你最近一年讀過的書的書名全都寫在一張白紙上（如果你記性好的話，也可以把前幾年的書目也寫進去），然後基於這個列表，分析你的閱讀歷程是否具有一定的規律或脈絡。

　　做完這個練習以後，我不知道你是否發現了問題所在。我猜測，大多數人得到的結果是，他發現自己讀書並沒有什

麼脈絡可循，讀過的書與書之間並沒有什麼關係，或者只有很微弱的關聯，所以他從這些書裡得到的知識和見解是沒辦法串聯在一起的，更無法相互驗證、相互補充。這樣讀書，最多只能收穫一盤散珠，沒有辦法用一根繩子串在一起，當然就會出現看完就忘的問題。

在知識的廣袤大地上，如果你只是東挖一口井、西挖一口井，每口井不過五十公尺深，是不可能挖出活水的，你得去考慮怎樣在適合你的地點挖出一口足夠深的井。所以讀書不能只把眼光放在「一本書」的系統上，還要把眼光放在「一系列書」這樣的超級系統。讀書不是隨便拿起一本書就開始讀，而是要思考如何建立一個合理的「閱讀超級系統」──也就是說，用閱讀的組合拳，來挖出一口深井。

構建閱讀超級系統最自然也是最易操作的方法，是找同一個作者的多部作品甚至全部作品來讀。讀某一位作者的某一本書所達到的深度是沒有辦法跟讀同一位作者的所有書相比的，若唯讀一本書，我會感覺書裡面總有些東西我無法完全理解，這是因為單個知識的背後是一個體系，而作者在某部作品裡表達的往往無法窮盡他所有的想法和知識，呈現出來的僅僅是他整個知識體系的冰山一角。

所以如果不瞭解整座冰山，只是在這一角上停留，哪怕

讀五遍、十遍，都不一定能理解其中難懂的部分；反過來，如果你遊歷這座冰山的所有坡面，遍讀作者的多數或者所有作品，就能像拼圖一樣，拼出這座冰山大致的輪廓。此時如果你回過頭來去讀這位作者的第一本書，可能就會發現當初在書裡沒有讀懂的部分，已經迎刃而解，這就是圍繞同一作者來閱讀的好處。

　　舉個例子來說，如果你對木心的文筆感興趣，那麼把他的全集買下來細細品讀便是一個好主意。我對許多位學者的全集也是覬覦已久，但是限於財力和家裡存放空間不足，所以一直隱忍不發。《馬一浮全集》[3] 一套十本，我早已收入囊中，讀來非常受益；《王國維全集》[4] 一套二十大本，我則一直不敢買，擔心沒地方放，但是以後條件允許還是會買；《王雲五全集》[5] 也是二十本，我在浙江圖書館翻閱過一部分，裡面有很多討論教育的內容，很合我胃口，條件允許我也會準備買下。

　　我是全職的讀書人和寫書人，這樣買書似乎有點奢侈和瘋狂，大多數人倒不必這樣買書，但是對於同一位作者，至

---

3 馬一浮：書法家，近代中國新儒學學派代表人物。
4 王國維：國學大師，是中國用西方文學理論批評中國文學的第一人。
5 王雲五：二十世紀重要學者、教育家、出版家。

少連著讀他的三本著作卻是必要的。我以前讀到美國知名作家蘇珊‧桑塔格的《反對闡釋》（*Against Interpretation*）一書，被其深邃的洞見和雄辯的文風所震動，就接著買《重點所在》（*Where the Stress Falls*）、《土星座下：桑塔格論七位思想藝術大師》等作品，還有訪談錄、日記等一併閱讀。這樣的閱讀讓我能更深入地理解這位學者，同時似乎也能觸摸到她當時所處的時代和文化背景，遂能以一種身臨其境的方式去體悟作者的思想。

所以就我的閱讀經驗來說，讀書不應是一本、一本地讀，而應該是一串、一串地讀。成都的串串很多人喜歡吃，為什麼讀書就不知道一串串的讀呢？

有些認真好學的人，讀書時會有一個動作，就是每讀完一本後就畫一張心智圖，把書裡的架構整理出來。這樣的方法對於加深記憶、把握要點當然是有好處的，但是在我看來還是不夠，不知道有沒有人試過，幫一系列書做一張心智圖呢？

練 習

用同一作者的多本著作畫一張囊括這幾本書的心智圖，從一本書的系統進入一串書的超級系統。

　　一串串地讀書，是站在更高的層次上去看待讀書這件事。後面幾章我會提及，我們如何站在最基礎的底層去看問題。

重要的是找到「高頻模組」

　　接下來我想談談，我們如何去關注大多數人沒有注意到的「中間層次」。

　　世界頂級的廚師、西班牙人費朗・亞德里亞（Ferran Adrià）就非常注重「醬汁」的製作。要知道，他主理的鬥牛士餐廳曾屢次被評為「世界第一餐廳」。他所寫的《廚神的家常菜：傳奇餐廳的尋常料理，令人驚艷的好滋味》一書就開宗明義，強調了醬汁在經營餐廳中的重要性：「在家烹調和職業廚師烹調的不同，就在於餐廳事先準備的程度。廚師會事先準備大量的高湯、醬汁和裝飾用蔬菜，以便在料理員工餐和餐廳菜餚時更省時、省事。」

　　在《廚神的家常菜》一書中，我們看到亞德里亞做的高湯和醬汁種類並不算多，每種湯、醬的用料也不複雜，但卻能做到「一醬多用」，一種醬汁可以在多種不同的菜餚之中使用。

　　舉個例子，他的「加泰隆尼亞風味醬汁」配料表是這樣的：

表 2-1　加泰隆尼亞風味醬汁配料表

	做一百克成品菜 所需分量	做五百克成品菜 所需分量
番紅花絲	0.5 克	2.5 克
新鮮歐芹葉	25 克	125 克
蒜瓣	1 瓣	30 克
特級初榨橄欖油	40 毫升	200 毫升
烤香的去皮榛果	35 克	175 克

　　那麼這款「加泰隆尼亞風味醬汁」可以用來做什麼呢？可以用來做很多道菜，比如豆子燉蛤蜊、螃蟹燉飯、鮭魚燉扁豆等等。

　　有了醬汁的輔助，做一道美味佳餚變得沒那麼複雜了。

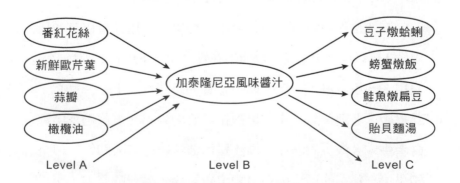

圖 2-2　加泰隆尼亞風味醬汁與前後層級的關聯

而「豆子燉蛤蜊」這道菜,只需要配齊五個原料:

表 2-2　豆子燉蛤蜊配料表

	2 人份	6 人份
小顆圓蛤蜊	160 克	500 克
加泰隆尼亞風味醬汁	2 小匙	2 大匙
罐裝白豆（瀝乾）	300 克	900 克
魚高湯	400 毫升	1.5 公升
西班牙風味番茄洋蔥醬汁	2 小匙	2 大匙

在製作「豆子燉蛤蜊」這道菜餚的五個原料中,竟然有四個原料是可以「事先準備」的,其中白豆是罐裝食品,從外面購入即可,而加泰隆尼亞風味醬汁、西班牙風味番茄洋蔥醬汁和魚高湯都可以事先熬製,待到用時在取用即可(通常這類自製高湯和醬汁可冷藏存放一週至兩週)。

在亞德里亞的自製湯、醬中,幾乎每一種都可以有多種用途,可以用在這道菜,也能用在那道菜,所以它們都是「可複用」的組合單元。你可以想想看,醬汁本質上是什麼呢?其實絕大多數菜品(除了烤物和炸物之外)在烹飪過程中都會產生或多或少的湯汁,湯汁是構造味道體驗的關鍵。但是如果每一道菜的湯汁都要單獨重新製作,太費時費力,所以

可以把常用的那些湯汁單獨分離出來，做成「醬汁」預成品。

而在這些預製的醬汁中，有些醬汁比如「加泰隆尼亞風味醬汁」的使用頻率明顯高於其他醬汁，會在不同的菜餚中反復出現，它們就成了亞德里亞「味覺宇宙」中的「高頻模組」。

高頻模組往往在一個系統中處於中間層次，它們有著非常重要的「承上啟下」作用，一方面，它們串聯起位於底層的基礎元素；另一方面，它們自身作為有用的模組，參與更複雜組合的構建。

那麼假如，你要在有限的時間下掌握一個新的領域，想更有效率地使用時間，那麼中間層次的高頻模組便是需要你重點攻克的目標。想像一下，當你擁有某個領域中的「加泰隆尼亞風味醬汁」，那就意味著有許多工，你快可以獨立完成了。

這讓我想起某一次，Nicole 跟我聊起英語學習的相關話題。Nicole 是我的一位書友，目前在杭州創業，專教小孩子學英文，她的主要教學方法是透過大量閱讀和聆聽英文原著來訓練孩子們的英文能力。她跟我說，現在主流的英語教育方法其實並不合理，就是從最底層的單字開始教學，單字不過是語言的碎片，大家死命活命地背單字，背了卻不知道怎

麼用，他們沒有能力把這些單字組合起來，所以大多數人學了很多年，還是啞巴英語，不會說，為什麼呢？因為組不起來。

其實現在西方主流的語言學習方法是從常用的組合入手，而不是從底下的碎片開始。具體的方法，一個就是大量的讀和聽，還有就是重點放在句法。

例如，先教孩子一個簡單的句子：I love you, because you are beautiful.

當你把這個句子背出來以後，你就可以說很多句子了，因為你只要把原句中的某一個單字替換成別的單字就可以。這種替換的可能性非常多，而且在替換的過程中，你也知道了你學的各式各樣單字可以怎麼用了。而在英語中，像這樣的基本句型，其實也不會很多，因為更複雜的句型只不過是簡單句型的疊加。你只要能稍微累積一些基本句型的知識，不就會說英語、用英語了嗎？

用知識的組合牽引對知識的學習

那麼我們再想一想，醬汁之於廚藝與句型之於英文，是不是很有相似之處呢？它們都是一個多層次系統中的高頻

模組。掌握了醬汁，會大大降低烹飪的複雜度，因為複雜的知識已經封裝在醬汁裡了；掌握了句型，也會大大降低使用英語的複雜度，因為語法和邏輯關係已經封裝在這些句型裡了。

讀到這裡，我不知道你能不能受到一點啟發。當我們把背單字作為學英語的基本步驟以後，其實我們第一步已經走錯了路，句型才是更高效的學習對象。因為學句子也不會耽誤學單字，透過句子學單字，單字在上下文之中也更容易記憶，可謂一舉兩得。

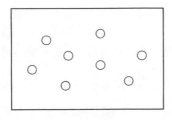
基本元素

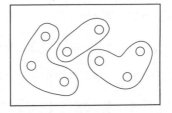
聯結件

圖 2-3　基本元素與聯結件示意圖

那麼我們再來看看知識本身，碎片化的知識是沒有用的，如果你不知道碎片的知識怎樣跟其他東西聯結，那會有什麼用呢？我們尚沒有聽說過透過通讀《辭海》成為學問家

的人。要知道，知識跟知識之間的聯結才是有價值的，知識和現實之間的聯結才是有價值的，知識和問題之間的聯結才是有價值的。如果知識不能和別的東西發生「化學反應」，那麼它唯一的功能就是拿來背誦、用來考試。

　　還有一點特別重要，聯結不等同於簡單的疊加，而在於聯結之後產生的某種「協同效應」，即是「1＋1＞2」的效果，打個通俗的比方，在菜場裡番茄跟雞蛋放在一起只是「疊加」，把番茄跟雞蛋炒在一起才叫「聯結」。同時聯結也不是「連接」，「連接」只是接上了，資訊相互之間可以溝通，而「聯結」是要抱在一起並發生變化，構成一個個緊密協作的「聯結件」。

　　所以我們學東西是要學什麼？學知識是如何與別的東西聯結。孤零零的知識根本不用學，隨便上網就能找到，維基百科上有無數詞條，每天都在增加，可是知識的聯結是能隨隨便便就能搜尋到的嗎？你可以想想自己知道的東西裡面，有哪些可以形成有價值的模組？而在這些模組中，又有哪些是高頻模組？這才是你在學習過程中要思考的最核心問題。

03

學會在系統中揀選模組

　　尋找某個領域中的高頻模組，需要我們在領域中的不同層次間進行穿梭。穿梭的方式簡單來說就是兩種：一種是自下而上，另一種是自上而下。

自上而下與自下而上

　　自上而下就是從整體出發，從整個系統開始向下分解，分解成子系統，子系統再向下區分，你便能把一些模組拆出來，其中經常出現的就是高頻模組。自下而上則是從系統中最底層的基本元素出發，去思考這些元素可能有什麼樣的組合，可能形成什麼樣的模組。那麼哪一種方式更可行，更方便呢？我覺得是前者。

　　我不是說後者的方式不好，相反，這種方式很偉大，因為基本元素之間的組合，其可能的組合量是非常大的，但這麼多理論上可行的組合中，只有極少部分是真正有價值的組

合。如果你能拼拼湊湊，正好找到一個能產生「1＋1＞2」效果的聯結，那就相當於在發明創造了。雖然很棒、很厲害，但是太難了，我們一開始沒必要做這麼困難的事情。我們從簡單的開始做起，我們去研究那些整體，那些已經成熟、優秀的東西，然後把整體拆解，找出模組甚至高頻模組，這就好辦了。

自下而上的方式之所以難度高還有一個原因：創造出新聯結往往是要基於實踐的。沒有大量的實踐、沒有大量的試錯，是無法形成高價值聯結的。這些聯結不可能由你天天待在房間裡苦思冥想、閉門造車創造出來，就像我前面寫鉛筆，為什麼人們知道要用石墨跟黏土混在一起煆燒，那是因為實踐的摸索；為什麼筆芯外面要套上一個木製的外殼，也因為實踐的摸索。

再談談老乾媽。老乾媽的創始人陶華碧最一開始只是在貴陽街頭開了一家簡陋的涼粉店，然後做了一點麻辣醬用來拌涼粉，結果發現顧客普遍對麻辣醬的興趣遠遠超過涼粉本身，於是她潛心研究了好幾年，不斷改良麻辣醬的做法，最後才做出了口味無敵的老乾媽麻辣醬。

作為一個值得追求的長遠目標，應該嘗試透過自下而上的方法去創造新的聯結。但是在此之前，我們可以先觀摩、

學習，看看別人是怎麼做的，因為可拆解、可學習的模組太多了，這是個巨大的資源寶庫，就像棋手學棋要打譜，有上萬個棋譜可研究。如果錯過了這麼龐大的學習資源，是不可能成為一流棋手的。

學習就是沉浸在大量範例中

那麼接下來的問題就是，如果我要用自上而下的方法，從整體去拆解高頻模組，應該怎麼做？我覺得主要的步驟就兩個：

1. 讓自己沉浸在大量的範例素材中。
2. 透過跨層次的觀察，在範例素材中尋找出重複的子結構。

為什麼必須要這樣做呢？因為「高頻」、「低頻」只是一個統計值，如果你接觸的東西本身數量就不夠，樣本就很小，你怎麼知道何為高頻，何為低頻呢？妄加揣測，很可能會出現很大的偏差。

實際上在任何一個領域，凡是能做到出類拔萃的大家，無不是看過了有關其專業領域的大量東西，這個量的累積是無法省去的，當閱歷達到一定程度以後，有些人自然而然就

摸索出了關鍵。當然這個過程不一定是有意為之的，也可能
是一種直覺反應，或者潛意識層面的操作。

　　寫到這裡，我想到一個非常有趣的故事。曾經有一位墨
西哥的建築系學生瑞卡多·雷可瑞塔（Ricardo Legorreta），
在一次難得的機會，他見到了德國建築大師、包浩斯學校的
創始人華特·葛羅培斯（Walter Gropius），並且大膽地提了
一個問題：「學好建築的最好方法是什麼？」沒想到，葛羅
培斯的回答簡單乾脆：「盡可能地去旅行。」

　　注意，葛羅培斯沒有讓他「好好學習」，沒有讓他「勤
於思考」，也沒有讓他「刻苦訓練」，只是讓他去旅行，而
且還要「盡可能地去旅行」。要是旅行上花了很多時間，哪
有時間去好好地學習建築相關的專業課程呢？要怎麼認真考
試、拿證書呢？這個建議聽起來真的有點不可思議。

　　不過偶像的話對這個年輕人來說宛若神諭，他絲毫不敢
怠慢，牢牢記在了心裡，並真的去實踐了。他一方面認真存
錢，一方面抽出時間去各地旅行。先是在墨西哥國內旅行，
玩了幾遍，然後再去世界各地看。沒想到，經過多年的努力
之後，當初這位不名一文的年輕人果真成了在全世界都享有
盛譽的建築師，成了墨西哥建築界的代表人物。他的建築作
品非常有特點，既具有墨西哥特有的地域特色又有現代主義

的風格，竟然把兩者毫不違和地融合在了一起。

那麼你不妨想一想，為什麼葛羅培斯要建議他盡可能地去旅行，雷可瑞塔在旅行的時候到底收穫了什麼，為什麼比在學校裡上課的效果還好呢？我覺得主要可以從兩個方面去分析，一是對學習素材的加工深度，二是對學習素材的涉獵廣度。

建築課堂上展示的多為概念、方法，但實例不夠，在課堂上展示實例只能透過照片或者模型，但是照片是平面的，模型又太簡單，相對於一座建築可能包含的所有資訊來講，一張照片或一件模型所展示的只是其中一小部分。所以雷可瑞塔說「要評判一幢建築的真正方法是進入建築的內部，去親自走訪這幢建築」，他在旅行中受益匪淺，每到一處，他都會考察當地的建築，裡裡外外地觀察、分析、思考，這些東西是坐在教室裡學不到的。因此在比較校園和旅行這兩個「課堂」時，他說：「大學裡的教授、學校教育也告訴過我建築是什麼，但是這些並沒有激發我自身對設計概念的認識。我那些關於色彩、比例的概念，關於牆體運用的知識，都來自墨西哥的城市和村莊。」

所以我們看，至少對於建築這個領域來說，透過旅行去實地考察各種建築是非常好的學習方法，在這種方式下，

對學習素材（各種建築）的認識才能達到足夠的深度。而從廣度來看，在課堂裡，老師替一個班級上課，他要兼顧全體學生的接受能力，所以不會提出特別高的要求；同時授課時間又有嚴格的限制，這就意味著，在追求平均效果的課堂中，不足以提供達到出類拔萃所需要的足夠大量訓練。也就是說，如果只是按照課堂教學要求來學習，那麼學生所接觸到的學習素材從數量和廣度上是不夠的，如果一個學生有雄心，那麼他必須額外替自己加碼，去接觸和學習更多的素材，這又體現了「盡可能地去旅行」的必要性。

示例：建築大師的風格原型

一個建築學習者有意識地考察了很多建築以後，能得到的收穫是方方面面的，而且不同的人用不同的視角去看肯定也不一樣，但是在這其中，找到高頻模組一定是特別重要的一項。

比如說日本建築學者越後島研一研究了二十世紀首屈一指的法國建築大師勒‧柯比意（Le Corbusier）的作品，然後歸納出了柯比意建築的九個原型，這些原型其實就是柯比意風格中的高頻模組。

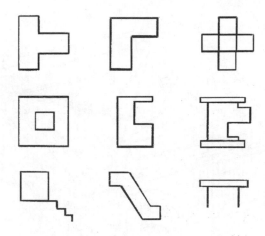

圖 **2-4**　勒‧柯比意建築創作中的九個原型

　　這九個原型中，有一個特別有意思的原型叫「唐金型」，它的形式似乎是一個空懸於地面的箱體建築加一個外置的樓梯組合而成，因首次出現在一九二四年建成的唐金住宅而得名。

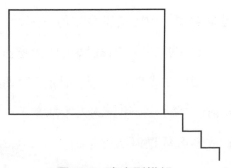

圖 **2-5**　唐金型模組

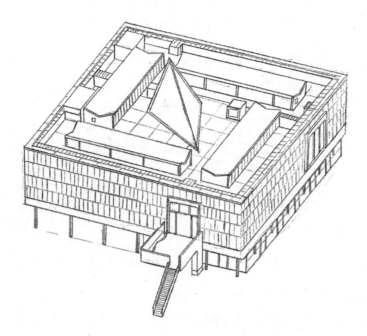

圖 2-6 唐金型建築：日本國立西洋美術館

在柯比意的作品中，唐金型是一種典型的高頻模組，它由兩個造型元素「空中長方體」和「外置樓梯」有機組合而成，前者是建築主體，後者是建築配角，兩者相得益彰，形成了「1＋1＞2」的效果。自從勒‧柯比意創造了這一建築樣式以後，追隨模仿者眾多，現在就能時不時見到類似的設計，這都要歸功於勒‧柯比意的天才創意。

當然我們光看圖片是無法充分體會其妙處的，必須實際觀摩才行，因為模組既然是整體中的一部分，那就一定要放

在整體（或者說系統中）去考察，才能理解整體與局部間的關係，以及模組內部微妙的成分及關係。

這個世界的本質其實就是各式各樣的關係，人與物的關係、人與人的關係、物與物的關係，一個人的才能也表現在他理解了多少種關係，而模組正是我們洞察這些關係的一個途徑。

建築大師的學習案例，對於我們學習其他東西也很有啟發。比如，很多人工作中都需要做 PPT，那麼怎麼做好 PPT 呢？倒不一定要看各種書、上各種課，也許你只要找到合適的學習資料，並透過有技巧的觀察和模仿就可以了。

優化每一天的行動

但是說了這麼多以後，千萬也不要覺得掌握了高頻模組就萬事大吉。要想澈底掌握一個系統，掌握系統中的基本元素，以及在整體層次上進行優化都是不可缺省的。只不過，高頻模組可以是我們優先去把握的一個切入點。

你可以先試著抓住它，然後呢，再試著向不同層次擴展。向下擴展，你可以去優化各個底層要素；向上擴展，你可以優化整體效果，在組合方式上做出調整。就像研究怎麼做辣

椒醬，配方和工藝是你要首先掌握的切入點，同時如果你可以去研究不同產地、不同品種的辣椒，從中篩選出口味最佳的，這就是在基本元素上下功夫了，基本元素的提升能反過來提升模組的品質，這是一個連鎖反應。

同時，向上擴展的話，你可以去想，核心模組能不能跟一些沒有嘗試過的食材配合，變成一個更有賣點、更有市場的產品，這也有很多文章可做。即便是老乾媽，她選配的牛肉、豬肉、雞肉都是最尋常的食材，還缺少了一些特色。那麼如果你嘗試其他的食材比如干貝、鮑魚等，就可以做出有新意的辣椒醬了。

在系統中找到中間層次的高頻模組是掌握一個領域的高效方法，如果把這個方法推而廣之，對我們的生活能帶來什麼啟發呢？我覺得最主要的啟發是，我們可以革新自己日常行為中的高頻模組。在我剛才舉的例子中，不論是美食界的亞德里亞，還是建築界的勒‧柯比意和雷可瑞塔，都是大師級的人物，從他們身上，我們能看到有價值的高頻模組。但是，高頻模組不是大師的專利，我們每個人都有自己的高頻模組，比如你的口頭禪就是你個人語言中的高頻模組，你經常閱讀的粉絲專頁、公眾號就是你獲得資訊的高頻模組，你每天花時間最多去做的事情就是你日常行為中的高頻模組。

那麼你有沒有想過,對自己的高頻模組做一番審視,看看能否替換成更好、更高級的模組呢?

拿日常行為來說,你不妨替自己統計,在你的一天中會做哪些事情,以及每件事情大致所花的時間。我們平時做的每一件事情都可以當作一個時間模組來看待,如果有些事情屬於每天做甚至每天反復做,那就屬於高頻模組了。如果你統計下來發現,在你的生活中,沒有一個高頻模組屬於長半衰期[6]的事情,那你就要小心了,你就必須想辦法革新自己的高頻模組了。

練　習

整理自己典型的一天中所做的事情以及每件事所花的時間,確認自己日常行為中的高頻模組有哪些,並判斷這些模組是否屬於長半衰期的事情。

大多數大師級的人物每天的生活和工作是非常有規律的,他們通常會在一個固定時間全神貫注地工作。其中有些

---

6 在《精進思維》中,提出在做行動選擇時要考慮這件事的價值應隨時間的變化,價值消退慢的屬於長半衰期的事,例如學會一種有效的思維技巧、練一小時書法;價值很快消退的屬於短半衰期的事,例如玩一整個下午的手機,因此我們應該多做長半衰期的事。

人是百靈鳥型，喜歡早晨工作；有些人是貓頭鷹型，喜歡深夜工作。不管如何，他們都能保證每天規律且專注地工作若干個小時，短則三、四個小時，多則十多個小時，這樣的工作習慣恰恰是普通人所缺乏的。受到網際網路和智慧型設備的影響，現代人已經越來越難以做到心無旁鶩地工作，大家的時間都被各種社交、資訊、娛樂軟體切分得支離破碎。

　　你需要向大師學習，很多作家每天只需拿出半天來寫作即可，比如只是上午寫作，下午和晚上就用來休息和娛樂，其實你也可以模仿這種方式。你可以為自己設定一個時間，比如每晚八點到十點的這兩個小時專門用來提升自我，只要每天堅持，一年、兩年下來，成果一定會非常顯著，因為學習變成了你日常的高頻模組。這件事情之所以可行，是因為升級高頻模組不等於升級所有模組，你並不需要替自己訂立一個高到難以實現的標準，比如充分利用一天中的每一分、每一秒，不需要讓自己變成一個上緊發條的機器，你只需要升級一個模組就行了。在一天中抽出兩個小時，如果工作實在太忙，那一個小時也行，關鍵是在這個模組裡，你必須是全神貫注地在學習，並且能夠每天雷打不動地堅持。

　　其他保持不變，只是讓一天中的一到兩個小時發生改變，我相信你一定可以做到。

心智練習：製作一款「格言機器」───────

我讀小學五、六年級的時候，特別喜歡收集名人名言。我有一個小筆記本，專門把從各種書裡看到的名人名言抄在裡面，等到寫作文的時候拿出一、兩句來用，好像更容易拿到高分。隨著年歲漸長，對名人名言的興趣就減弱了。

我發現，名人名言實在是太多，根本搜羅不完，而且名人跟名人之間往往會出現相矛盾的觀點，到底聽誰的呢，這就不好說了。但是如果用層次的角度去分析，你會發現那些傳頌很久的名句之所以有這麼大的傳播力，不僅僅因其表達的內涵讓人思考，也是因為它的內部結構具有某種謎之獨特性。例如下面這句：

這是一個最好的時代，這是一個最壞的時代。

（*It was the best of times, it was the worst of times.*）

──狄更斯《雙城記》

這句話幾乎無人不知、無人不曉，而且經常被引用。這句話之所以那麼有魅力，是因為它打破了我們平常的思維結構。這句話的結構是這樣的：

這是 A，同時也是～ A。

（在這裡，～ A 表示跟 A 完全相反的情況）

其實不僅這句話如此，而且接下來的一整段話都遵從這個結構：

這是一個最好的時代，這是一個最壞的時代；

這是一個智慧的年代，這是一個愚蠢的年代；

這是一個光明的季節，這是一個黑暗的季節；

這是希望之春，這是失望之冬；

人們面前應有盡有，人們面前一無所有；

人們正踏上天堂之路，人們正走向地獄之門。

——狄更斯《雙城記》

在我們的尋常思維中，一件東西不可能兼具截然相反的兩種屬性，比如我們不能說「這杯水既是冰的也是熱的」，或者說「他考上了大學，也沒有考上大學」，而狄更斯的話則提供了一種新結構。在這種結構下，意義以一種新的方式組織了起來，或者說，這個結構就像一個聯結件一樣，創造了一種新的意義聯結方式。

　　我們完全可以在保留這個結構的同時，把原句中的某幾個詞替換掉，然後新的句子仍然成立。於是乎，我們可以把這個結構當作一個高頻模組，來豐富我們的表達方式。比如：

　　烈日之下，趙敏遞給我一杯水，這杯水既是冰的，也是熱的。

　　是不是還蠻有意思的？

　　擴展開來說，格言的魅力很大程度上就在於它的內在結構具有這種反常規的衝擊力。如果我們能發現並且利用這種結構，甚至能寫出自己的「格言」。

　　隨便舉幾個例子，都是我利用這個結構編寫的：

　　時間是我們的蜜糖，也是我們的毒藥。
　　愛情會讓你的世界變得特別小，又變得特別大。
　　善於記住並且善於忘記是一個高手的典型特徵。

　　我再來舉一個例子。大家看下面這句話：

　　沒有通向幸福的路，幸福本身就是路。

──一行禪師

　　多讀幾遍，你會覺得這是一句富有深意的話。按照我淺陋的理解，一行禪師似乎在說，幸福並不是我們要追求的一個結果，而是我們要踐行的一個過程，是在這個過程之中，我們不知不覺就到達了幸福。理解了這句話，似乎就能解釋為什麼現在這麼多人覺得不幸福，因為我們把幸福當成了一個高不可及的目標，我們總是求它卻求不到，那麼當然就覺得不幸福。但如果我們意識到，我們現在走的路，我們的追求本身就是幸福，那麼就可以釋然了。

　　我們走在這條路上，我們本就在幸福之中，真好。

　　理解了內涵之後，我們再來分析這句話的結構層次。這句話的結構似乎是這樣的：

　　不是 A → B，而是 B ＝ A

　　這是一個非常獨特的結構，因而當我們讀到這樣的句子時，可能會覺得很震撼。那麼使用這個結構，還可以衍生出什麼句子呢？下面是我的試驗：

沒有通向成功的路，成功本身就是路。

沒有什麼障礙可以阻擋他，能阻擋他的只有他自己。

多年以後，我不再愛著你，而是成了你。

在這裡我要說明的一點是，從格言的結構層次出發，去撰寫新的格言，並不是只要套用結構就可以了，我們還要注意，當你的新詞用在這個結構裡以後，所表達的整個句意是不是合情合理，最好還要有啟發意義。這需要你的思考和斟酌，不是隨隨便便套用一下就行。如果套用出的句子莫名其妙、言不及義，那麼就違背了交流和表達的初心，淪為了純粹的文字遊戲。

下面是我挑選的幾條格言，你的任務是根據每條格言衍生出至少兩句新的格言：

1. 教育就是當一個人把在學校所學全部忘光之後剩下的東西。　　　　　　　　　　　　　　　　——愛因斯坦

2. 一個人越是有許多事情能夠放得下，他越是富有。　　　　　　　　　　　　　　　　　　　——亨利‧梭羅

3. 如果你打了半小時的牌，仍然不知道誰是菜鳥，那麼你就是。　　　　　　　　　　　　　　　——巴菲特

4. 一個人要抬頭多少次，才能望見天空。

　　　　　　　　　　　　　　　——巴布・狄倫

5. 博學之，審問之，慎思之，明辨之，篤行之。

　　　　　　　　　　　　　　　——《中庸》

6. 知其雄，守其雌；知其白，守其黑；知其榮，守其辱。

　　　　　　　　　　　　　　　——《道德經》

7. 創意就像兔子。你有幾隻，然後學會飼養牠們，很快
　 你就會有一打。　　　　　　——約翰・史坦貝克

第三章
組合
理解萬物構造之法

硬體足夠硬、軟體足夠多，
這便是一個人才能的護城河。

01

探訪「篾匠女孩」

「我們買 OK 繃都是一箱一箱買的。」

當我看著眼前這個看似文靜纖弱的女孩，一邊手掌滴著血，一邊跟我講這句話的時候，心裡陡地沉了一下。

這位姓徐的女孩是一位竹藝師，傳統上稱為「篾匠」。她擅長用竹子做成的篾條編織出各種造型的工藝品和生活用具。

「篾」是把毛竹的表皮剖劈出來後分成的細條。篾質地輕盈，富有彈性，可塑性強又堅固耐用，在中國古代經常用來製作籃、盒、籮、筐等家居用品。但是到了現代，不論是竹篾製品還是篾匠都漸漸稀少，因為塑膠代替了篾之前的角色，塑膠同樣質地輕盈，堅固耐用程度又更勝一籌，再加上價格便宜，可以大量生產，所以就在與篾及其他天然材質的競爭中輕鬆勝出，但是追求即時滿足的現代人也由此陷入了白色汙染的魔咒。塑膠由於化學性質過於穩定，所以在環境中分解需要好幾百年；又由於使用量巨大，所以現在成了汙

染全球環境的第一公敵。

回過頭來再看篾製品，才發現這才是與人親善的一種東西，可惜現在篾匠已經少之又少，好似瀕臨滅絕的珍稀動物。徐小姐的師父、老手藝人張心榮說：「只要有人願意學這門手藝，我都願意教」，完全沒有藏私之心，可惜還是應者寥寥，在他收的幾個徒弟中，徐小姐正是他的得意弟子。

徐小姐從小就喜歡做手工，後來讀建築設計，畢業後找了一個 UI 設計的工作，一次偶然的機會見到了張心榮先生和他的作品，就喜歡上了，於是乾脆辭掉了工作，拜在張老師門下，專心做起了篾匠。

最難的在前面幾步

根據徐小姐介紹，要完成一個篾編作品，工程非常繁雜，大概分成以下幾步：

1. 把一根完整的粗大毛竹砍成幾段，其中大的竹節要去掉，因為竹節部分沒辦法做成篾。

2. 把毛竹表面明顯突起的部分刨光，使表面光滑平整。

3. 分條：需要使用專業的篾刀把竹筒沿縱向對半劈開，對半之後再對半，重複多次，直至劈成幾十根細長的竹條。

4. 分層：分出的每根竹條都比較厚，其實是有幾層纖維疊加的關係，需要把靠裡層較軟的纖維用篾刀削走，而分條和分層合稱為劈篾。

5. 定寬：又稱「過肩門」，把所有篾條削成相等寬度，設定寬度要按作品而定。肩門指的是垂直插在木頭樁子上的兩把尖刀，當篾條從兩把尖刀之間穿過，超過兩把尖刀間距的部分就會被削走，只要把尖刀拔出來重新插，就可以按照需要調整間距，也就意味著可以調整篾條的寬度。

6. 刮篾：把篾條在一根橫著的長刀上刮，長刀的刃向上，用大拇指把篾條按壓在刀刃上，然後從頭至尾拉動篾條，以便把篾條內側的軟纖維削與刮乾淨，只留下最外層比較質硬和韌性的「殼」。但刮篾不是拉一次就行，需要反復多次，如果考究的話，一根篾條要反復刮十幾次才能刮乾淨。

7. 煮篾：把篾條放在水中煮透，這樣可以把裡面的糖分去掉，因而煮過的篾條不易蟲蛀和發黴。

8. 編織：用篾條編織出不同造型的作品，有很多種不同的編法可以學習。這一步是一般人理解的竹編過程，但這一步需要前七個步驟的鋪墊才變得可行。

瞭解篾編的這一整套工程以後，更讓我驚訝的是，徐小姐說，最難掌握的不是編織方法，而是前面製作篾條的過程。

編織方法有定式可學，就像很多人喜歡說的「套路」，而像劈篾、刮篾這樣的工作全憑手上的感覺，就像打籃球有「球感」，用刀製篾也講究「刀感」。竹子表皮是由一層層的長直纖維組成，所以在運刀的時候要順著它的纖維削下去，把不同層的纖維分開。這是非常精細的工作，如果稍不留神，就可能把不該削掉的纖維削斷，或者該削的纖維沒有削走，所以用力既不能太猛也不能太輕，要講究「中庸之道」。

「我花了一年的時間，才算是掌握了劈篾、刮篾這些基本功。」徐小姐一邊說著，一邊把一根粗大的毛竹架在腿上，左手扶竹，右手持刀，把竹子劈成兩個半筒，然後繼續分……突然她身子一顫，站了起來，只見她左手竟然流血了，這就到了本章開頭我所描寫的一幕。但是這時她臉上絲毫沒有難受的表情，而是很熟練地走向一個紙箱，拿出一個 OK 繃貼上，然後坐下來，抱起竹子，繼續劈。

看到此情此景，我原本想學一下這門手藝的念頭澈底打消了。老實說我不是一個怕吃苦的人，如果能學一門有趣的手藝，流汗、流淚都不怕，可是我沒想過要流血……罷了罷了！而我再盯著眼前這個文弱的女孩，她的那種堅定和嫻熟，心中就不免生出了一番敬意。

一種材料創造一個世界

「為什麼妳這麼喜歡篾編這門手藝？」等到徐小姐停下來休息時，我問她。

「因為用篾條，其實可以編出任何東西，就像你能自己創造一個世界。」

「哦？」

「對，篾的可塑性非常強，它既是硬的又具有彈性，可直可彎，可以按照需求做出不同厚薄和寬窄的篾條，你看我這裡有些東西是用很寬的篾條做的，有些是用很窄、很細的篾條做的，非常靈活。所以理論上講，只要掌握了方法，我就可以用篾條做出任何造型的東西，只是有些東西太耗時間罷了。」

原來是這樣。四下環顧徐小姐和她的師父張心榮先生的工作坊，除了常見的家具用品之外，還有篾制的時尚手提包、相框、各種小動物（貓頭鷹、螃蟹、蟋蟀等），甚至還有 QR 碼。我拿起手機去掃這個全用篾條編織而成的 QR 碼，掃出了他們的公眾號。

我不禁陷入了沉思。在我以前的經驗中，類似這樣用一種材質的元件，透過疊加和組合來做出千變萬化造型的東

西，我以為只有樂高才能做得這麼好。沒想到早在樂高之前，先人早就創造了竹篾，竟也能達到這樣的效果，而且這種東西在以前就是實實在在的日用品，是百姓家裡經久耐用的好物。

透過訪談瞭解篾編工藝，讓我重新思索技能學習這件事情。我發現，篾編既是一種精湛的技能，同時又是對所有技能的一種隱喻。

一個人要學習一項技能，首先要熟練與掌握一些基本的動作，這些動作是他做出更複雜動作的基礎，它們是掌握一項技能必須要打穩的基本功，這些基本功就像篾條一樣，是構成篾具的基本元件。

基本元件的品質，比如篾條的寬度是否均勻，篾條的厚薄是否一致等，都會影響篾具的品質乃至價格；同理，基本功是否紮實也決定了掌握這項技能所能達到的最終水準。正如製作高品質的篾條有賴於反復磨練出來的手藝，掌握任何一項技能的基本功也是非經日積月累的磨練不可。

初學籃球的人，必須要先練好運球、投籃、傳球這些基本動作，比如練習運球，需要先練習原地拍球，熟練了以後才是跑動運球，而後者比前者複雜，因為需要兼顧腳和手的動作。初學者運球時會把籃球拍到自己的腳上，就說明兩個

動作之間還缺乏協調，隨著訓練難度的逐步提升，技能的複雜度也會逐漸增加。

　　很多人練過「三步上籃」，這跟運球相比是更加複雜的動作，因為它不僅包括運球，還加上了單手把球舉高推向籃筐的動作。所以，學習打籃球總是要從最簡單的單一動作開始，先掌握最基本的單一模組，然後再練習如何把單一模組組合和串聯起來。在 NBA 比賽中，球迷們驚嘆於球星在瞬息間做出眼花繚亂的動作，把這些動作放慢來看就能發現，它們也只是若干單一動作的組合和疊加，把單一動作組合成複合動作，就如同於把一根根篾條編織成某種特定的紋理。

　　篾條的編織方法相當於技能學習中的中上層構造，有了基本功以後，學習者需要完成更複雜的操作，需要學會把基本元件合理地組合起來，這其中就涉及很多方法、技巧和策略。在籃球運動中，它們既包括嫻熟地做出複雜動作，包括讀懂場上局勢並作出反應的能力，也包括知道如何與隊友協同的戰術體系，甚至還包括一種叫「籃球智商」的東西，它們都是籃球運動中的上層構造。

「軟體」與「硬體」

　　這麼看來，我們似乎可以把一個技能體系中的各個子技能歸為兩類：一類像技能中的「硬體」，另一類像技能中的「軟體」，簡單說，就是「硬技能」和「軟技能」。

　　1.「硬技能」：技能體系之中的「構成性」模組，屬於　　　體系中的基本組成要件，正如磚塊之於房子。

　　2.「軟技能」：技能體系之中的「組織性」模組，主要　　　負責調用和組合，正如房屋設計之於房子。

　　使用「硬體」和「軟體」這兩個詞是拿電腦作為類比。一個計算機系統包括中央處理器、硬碟、記憶體等硬體，同時也包括作業系統這樣的軟體。而其實，這種「硬體＋軟體」的架構具有普遍性，只要是「傳遞資訊的系統」，架構都與之類似。就拿生物來說，DNA 承載著生物的資訊，保證資訊能夠穩定傳承和複製。DNA 就像資訊範本，指導著氨基酸組合成蛋白質，成千上萬種不同的蛋白質被製造出來，就形成了生命個體。在生物體內，蛋白質是硬體，基因是軟體，兩個角色緊密合作，創造了絢爛的生物世界。

　　當然，用硬體和軟體來描述一個技能系統，畢竟只是一個類比。類比無法做到嚴格的界定，在一個技能系統中，有

些子技能既有硬體特徵也有軟體特徵，也很正常。區分軟硬，只是幫我們增加一個「視角」，去探查系統之中潛藏的結構。

正如我在上一章講的，現實世界中的大多數系統是以模組組合的方式建立的，技能體系也是這樣。在一個技能領域中，無論是硬技能還是軟技能，都可能是以模組的方式存在。我們可以把同一個領域中跟硬技能相關的模組組成一個「硬體模組庫」，跟軟技能相關的模組組成一個「軟體模組庫」。

之所以要稱為「庫」，是因為現實世界本質上是非常多元的，僅有單個或幾個模組的體系是非常少見的，多樣化的體系才是主流。像篾編工藝已經是相對簡單的體系，但工程就已非常繁雜，光製作篾條就涉及好幾個技能模組，至於編織方法更是花樣百出。雖然基礎的編織方法只有幾個，但是高級手法卻極為多樣，難以窮盡，其中有很多是老師傅手上的絕活，只靠口傳心授，知道的人寥寥無幾。

建立模組化的工作系統

使用「模組庫」的概念，能讓我們看清掌握一個技能體系所需要的「工程量」。如果你準備長期浸淫在一個領域，就需要做好建立龐大模組庫的準備，因為在一個領域長期工

作，跟偶爾為之有著本質的不同。你需要在自己的模組庫裡存放的模組可能不能只有幾個、幾十個，而是幾百個、幾千個。有了足夠規模的模組庫後，我們才能遊刃有餘，就像哆啦 A 夢總是能從口袋中拿出正好有用的道具一樣。

於是我們可以設想一個公式：

模組化的工作系統＝｛硬體模組庫｝× ｛軟體模組庫｝

在你所從事的領域中，硬體模組庫和軟體模組庫都是必不可少的，兩者組合運用，就是你在這個領域中所建立的工作系統，它對於各種行業、各種職業的情況應該都是適用的。

如果一個人在一個領域中只建立起了硬體模組庫，那麼他很可能只能勝任一些初級的工作，作為「流水線」上的某一個過程，因為他沒有把這些基本技能組合起來的能力。

深圳大芬村是著名的油畫產業基地，以山寨名畫聞名，這些山寨的名畫以極低的價格遠銷世界各地。大芬村盛行流水線式作畫，什麼意思呢？假設是畫一幅風景油畫，那麼就會由二十個畫手排成一隊，依次落筆，有人專門畫樹，有人專門畫房子，有人專門畫藍天，有人專門畫白雲。一位畫手畫完一幅畫的局部之後，便可以接著再畫下一幅，以這樣的方式作畫，雖然簡單直接，但是效率最高，所用時間最少。

　　大芬村的畫手有些是美術相關科系出身，甚至不乏頂尖高手，但更多人原本毫無繪畫基礎，只是漂流到了那裡，臨時學起，經過短期培訓後就上手幹活。那你說，這些半路出家的大芬村畫手們，屬於會畫畫，還是不會畫畫呢？嚴格來說，只能算會了一小部分，因為他們只是掌握了一些硬體模組，有著一部分的基本繪畫技巧，並且經過反復練習後還日益嫻熟，但是位於更上層的表現技巧、審美品位、風格意識等，他們是缺乏的。也就是說，他們的軟體模組庫幾乎是個空庫，因而難以把他們當作真正的藝術家來看待。

　　縱然一個人掌握了一個領域中完整的硬體模組，他最多也只能以一種非常機械的方式來完成工作或者解決問題。他不知道如何靈活變通，如何應對變化的環境，更不會做出富有創造性的工作。這說明，要想更往上一步，就需要掌握更多的軟體模組。

練　習

就你目前所學的科系、從事的領域或擔任的工作，盡你所能列出相關的硬體模組和軟體模組，並注明你目前掌握的情況。

	硬體模組名稱	掌握情況		
1		□不瞭解	□瞭解	□熟悉　□精通
2		□不瞭解	□瞭解	□熟悉　□精通
3		□不瞭解	□瞭解	□熟悉　□精通
4		□不瞭解	□瞭解	□熟悉　□精通
5		□不瞭解	□瞭解	□熟悉　□精通

	軟體模組名稱	掌握情況		
1		□不瞭解	□瞭解	□熟悉　□精通
2		□不瞭解	□瞭解	□熟悉　□精通
3		□不瞭解	□瞭解	□熟悉　□精通
4		□不瞭解	□瞭解	□熟悉　□精通
5		□不瞭解	□瞭解	□熟悉　□精通

02

優化模組化系統的方法

　　對自己的軟、硬體模組有了基本的瞭解之後，接下來要思考的問題就是如何讓自己的工作系統更加強大。基本的途徑不外乎這兩個：

　　1. 把硬體模組升級改造，以提升系統的整體品質。

　　2. 增加軟體模組的種類，使系統更加靈活和多元。

硬體模組要升級，越硬越好

　　我讀大學的年代是二十一世紀初，那個時候我們使用的電腦主要是桌上型電腦，配備那種又大又笨的 CRT 顯示器。那時候大多數人買電腦是去專門裝配，這種相容機比品牌機明顯便宜一些，而且用一段時間後覺得配置不夠用了，還可以替換升級。那個時候大多數學生都曾經自己拆主機殼來更換硬體過，比如硬碟、記憶體、光碟機，乃至 CPU 的風扇等，都自己動手。其中最簡單的升級是加記憶體，通常電腦主機

板上留有空閒的記憶體插槽，買一根和原來相同的記憶體條插進去就可以，256M 記憶體便升級成了 512M 記憶體，這時電腦用起來，一下子感覺就流暢了很多。

　　哪怕升級一個硬體，也能顯著提升整體的性能；反過來，如果硬體的性能總是上不去，可能讓整個系統都變得不可用。

　　凡是玩過樂高以及樂高山寨品的人都能體會到兩者的差別：正品的樂高玩具組塊拼插起來是非常舒服的，鬆緊度剛剛好，足夠牢固又不至於太緊；而山寨樂高卻要遜色太多，要麼是太鬆、要麼是太緊，雖然價格很便宜，但體驗實在很差。是山寨樂高不想做得更好一點嗎？我想也不是，應該是技術實力搆不上，沒有辦法再升級了。據說，製作樂高積木的模具精度可以控制在 4 微米（即 0.004 公釐），以保證其最佳的拼插接合力，如果沒有這麼精密的技術和工藝，就做不出正品樂高的效果。

　　對於山寨樂高來說，樂高的不同款式設計能偷，但是製造模組的精準度卻偷不了，前者屬於軟體模組，後者屬於硬體模組。類似的還有衣服和包，名牌產品雖然經常被仿冒，但是仿品很難在細節上與之匹敵。款式模仿是容易的，細節要仿得一模一樣卻很難。這說明，硬體模組的品質實力堅強，

便是一個產品的護城河。

　　在體育競技場上，升級模組的效果是驚人的。二〇〇八年北京奧運會，美國游泳運動員麥可‧費爾普斯身著「鯊魚皮」泳衣一舉獲得八塊游泳金牌，這種泳衣是針對鯊魚皮膚的仿生學設計，能大大減少人在水中的阻力。但是由於這種泳衣威力過於巨大，對於沒有這種泳衣的運動員來說明顯有失公平，所以，「鯊魚皮」泳衣從二〇一〇年開始就被國際游泳聯合會禁用了。雖然被禁用，但是穿著鯊魚皮泳衣創造的世界紀錄仍舊保留著，而且顯得非常難以打破。這說明了，在游泳比賽中，僅僅是升級泳衣這一模組，就能帶來多麼大的改變。

　　出於公平競賽的需要，體育界對「模組升級」有著十分審慎的態度，但是在別的大多數領域，「模組升級」是求之不得的，比如上一章講的貝塞麥改造金粉工藝的例子。傳統的金粉製造其動力模組是人力，而經過貝塞麥設計後，動力模組升級為蒸汽機，於是其產出能力就有了巨大的飛躍，而這種例子在科學探索和發明創造中比比皆是。

　　再來看一個人的才能。在很多技能領域，一招一式還好學，但是底下的硬功夫卻不好學。現在網路上有很多教人寫作的課程，一說起來就是多少多少種寫作「套路」，好像學

了這些套路就能寫出好文章了，這是一個很大的誤區。硬體模組如果沒打好基礎，套路根本沒有用武之地。如果一個人一句話都寫不通順，是不可能寫好文章的，但這樣的「寫作者」現在比比皆是。

以前的學者更注意這種硬功夫，我在《精進思維》中介紹過王雲五，王雲五治學有一個很厲害的特點就是勤查字典。他認為，中國字多形聲字，這雖然便利了辨識新字，但也造成了對部分新字的誤認，猜錯讀音和字義的情況時有發生，如果不勤查字典，那麼學習者就會一直保留著這些錯誤無法校正，從長期來看是學習之大患。對詞的理解也是如此，如果對一些新詞只是透過組成字的字義來猜測，望文生義，也會發生誤解。

所以他提倡：「對於精讀的書，為澈底瞭解其所含蓄的意義與理想，首須對於每一字、每一詞均有確切的認識。」如果一個人養成了勤查字典的習慣（網路上查線上字典也算），那麼他在字詞語料庫的建立上是非常紮實的，在平時的生活或工作中不大可能因為讀錯字、用錯詞而貽笑大方。這種語文功底上的差別，對一個人的職場之路會產生長期的影響，對於很多人來說，語文水準（與口頭表達能力、書面表達能力強相關）不足就是他職業邁進的最大瓶頸。

　　硬體模組不夠硬，也讓我自己嘗到過教訓。二〇一七年下半年開始，我在網易雲音樂[7]上做了一檔讀書節目叫《采銅‧好書精讀》，用一年時間講解五十二本好書，每週一本。開始準備這檔節目時我信心滿滿，因為我對自己解讀書的能力還是挺有信心的，而且我確實是很認真地在做。

　　但是當第一期節目上線時，我就收到了很多嘲諷性的評論。怎麼回事呢？原來是很多人嫌我的聲音不好聽，這時我才意識到，對於一個音訊節目來說，發聲是基本的一環，而我確實在這方面能力不夠。我沒有接受過專業的發聲訓練，我的發聲方式很可能是有問題，比如我的聲音偏尖細，也不夠響亮，甚至普通話也不是特別標準，這都限制了我在這個節目上的表現，沒能讓聽眾獲得足夠好的聽覺感受。雖然隨著節目的深入，很多人聽得多了以後，漸漸習慣了我的聲音，更專注內容本身，但是我明白，如果我在發聲這個硬模組上更好一些的話，節目的整體體驗能更上一層樓。

　　不過話說回來，要提升自己的硬體模組，除了「死磕自己」之外，還有一條路可走，那就是發揮工具的力量。現在已經不是一個靠赤手空拳打天下的時代了，大多數事情脫

---

7 網易雲音樂：網路音樂平台，類似 KKBOX。

離工具便已經無法完成。工具是人體力或腦力的槓桿，在很多行業和領域，「人機協作」已經成為主流，也就是說，原本需要人來從事的一部分模組已由機器來代替，在這些模組中，機器比人表現得更好。

當部分模組可以用工具代替時，不僅意味著我可以更加高效和省力地完成一件事情，也意味著我可以做出更加複雜的組合。在建築領域裡，用 BIM（Building Information Modeling）方式來進行設計和規劃已經成為主流。當建築設計師學會用電腦和軟體來製圖以後，他們就有能力設計出更龐大和複雜的巨型建築，一座一百層的摩天大樓完全用紙筆來設計和規劃是不可想像的。那麼請問，掌握一個作圖軟體或者工程軟體需要一萬小時嗎？完全不用，甚至可能一百個小時就夠了。

所以現在的勞動者跟以前的勞動者相比，很多東西沒有變，但是手裡的工具一定是變了。大多數崗位的工作，不是非請某個人來做不可，但一定是非應用某種工具來做不可，一個合格的應聘者一定是掌握了相應的工具才能勝任。我舉個例子，光影魔幻工業（Industrial Light&Magic）是世界頂級的電影後期特效製作公司，從《星際大戰》、《魔鬼終結者》、《侏羅紀公園》，到《變形金剛》、《復仇者聯盟》等，這

些好萊塢大片的視覺特效大多出自這家公司之手。能夠在這家公司裡工作的特效藝術家，自然也是業界頂尖的人才。那麼這家公司招人時會看重什麼能力呢？分析一下它們的招聘資訊便可知一二。

在光影魔幻工業公司一則招聘 Senior Generalist（可譯為「高級多面手特效師」）的資訊中，任職技能要求一欄列出了十三項要求，其中有七項是直接跟求職者的「工具能力」有關，包括：

1. 熟練 Photoshop（fluent in Photoshop）

2. 熟練 3ds Max，Maya 或類似的 3D 繪圖軟體（fluent in 3ds Max, Maya or similar）

3. 熟練 V-Ray 或 MRay 等相關渲染工具（fluent in V-ray or MRay or similar ray trace renderer）

4. 有其他相關軟體的經驗（comparable software experience considered）

5. 擁有能快速上手新軟體的能力（demonstrated ability to quickly pick up new software）

6. 足夠理解 2D 合成軟體（understanding 2D compositing software）

7. 對一些專門化的工具和外掛程式，例如 Multiscatter、

Speedtree 等具備不錯的實際操作知識（good working knowledge of specialist tools and plugins like Multiscatter, Speedtree, etc.）

我覺得現在很多人在學習的過程中都有一個問題，就是沒有把對於使用工具的學習放在特別重要的位置。工具是人的能力槓桿，甚至是我們的另一雙手，越是前沿和領先的職業越善於採納和使用新的工具，如果你沒有掌握一、兩件先進的工具，要想在現代社會立足幾乎是不可能的。

不知道你是否有發現，傳統的學校教育對工具技能的培養是有所欠缺的。就拿最常用的工具 Word 來說，在學校裡，沒有老師教我們用 Word，因為正統的觀點認為「大學不是職業培訓機構」，教學生使用這些基本的工具簡直上不得檯面。於是很多人到快畢業時，要寫畢業論文了，突然發現有好多 Word 的高級功能還沒有瞭解，非常笨拙地使用 Word，效率非常低。大多數人使用 Word、PPT、Excel 這些工具，其實只用了不到百分之五的功能，如果能掌握得更多，他們的工作效率和產出品質都會有很大的不同。

當然很多學校也會開設一些課程，來教學生使用本科系常用的軟體。但是你想，一門課的時間是很有限的，在一個學期裡學某個軟體，對學生來說只是剛剛入門而已，如果學

生沒有繼續自學下去的自覺性，那麼他們對這個軟體的掌握
程度是非常初級的，根本不可能達到像光影魔幻工業公司所
要求的那種「熟練掌握」的程度。

如果一個人到了大學以後，仍舊把學習等同於知識的記
憶和背誦，而不去熟練掌握一、兩個能顯著提高生產力的通
用軟體或者專業軟體，那麼在就業時就可能非常吃力。如果
一個人在自己的工作崗位上，也沒有有意識地提升自己使用
軟體的能力，那麼他的職業道路也可能會岌岌可危，因為在
今天這個時代，使用好的軟體工具就是個人競爭力所必須具
備的硬體模組。

軟體模組要多元，越活越好

有一次我去寧波參加 TED×Ningbo 演講，同臺的演講
者中有一位出色的字體設計師，演講完一起吃飯時，我就跟
他聊了起來。我問這位設計師他平時喜歡做什麼，他說他喜
歡到處「拍字」，就是每到一個新地方，就去留意街頭巷尾
的字跡，覺得有意思的字就會拍下來。好看的字不一定出自
書法家之手，也可能出自民間，牆上的塗鴉、店鋪的招牌，
哪怕一頂人孔蓋、一個告示牌，都有可能看到富有生活氣息、

包含生命活力的字，他把這些字收集起來就能吸收營養。

　　我聽了以後覺得很新奇，也很受啟發。做字體設計，肯定需要相應的技能基本功，也會有很多繁雜瑣碎的工作要做，而對於一位優秀的字體設計師來說，這些都不是問題。他的瓶頸可能在於怎樣找到新的、適合的字體風格，換句話說，怎樣換一種視角去看待文字，怎樣有新意地組織文字中的一筆一畫。他需要到街頭巷尾去觀察和紀錄下各種有趣的字，就像一個偵探一樣，找到新風格的蛛絲馬跡，以便為他的軟體模組庫加入新的成員。

　　字體設計師是這樣，書法家也是類似。當代書法家及書法學研究者白謙慎寫過一本很有意思的書叫《與古為徒和娟娟髮屋》，內容是白謙慎「找字」的經歷。白謙慎在重慶意外發現一家非常小、破的髮屋以後，被其招牌上「娟娟髮屋」四個大字所吸引。雖然這四個字寫得有點歪歪扭扭，書寫者也顯然沒有接受過書法訓練，但是卻別有一番趣味，有一股樸拙的天機與意趣。本身就是書法家的他甚至去臨摹這幾個字，就特別有意思。那麼他的用意是什麼呢？他的用意是，能不能在現有的名家名帖已經框住的模組之外，找到新的有意思的模組！

　　要知道，歷代的書法家都是從前輩書法家那裡學會寫字

的。學書法最重要的學習方式就是臨摹,要反反復復臨摹前人的作品,臨摹很多年之後,才能算小有所成。但由於大家臨摹的作品都類似,那麼就免不了會出現風格趨同,全都臨摹遍了以後怎麼辦?就得想辦法找新的作品來臨摹。

　　一個典型的例子是,明代萬曆初年,漢代《曹全碑》出土,這件事對明末和清代的書法家影響深遠,因為《曹全碑》是漢隸精品,是隸書中不可多得的佳作。在此之前的書法家對隸書興趣不大,可是此碑以及其他更多漢碑被發現之後,便興起了學習隸書的風潮。清代書法大家鄭簠遍習漢碑,去各地求訪,收藏漢碑拓片,家藏碑刻拓片就有四大櫥之多,可見這些書法家特別重視這些新奇的學習資料。書法這一崇尚傳統的文化領域尚且如此,那麼在別的領域,增加新模組就顯得愈加重要了。

　　一般來講,在一個領域中學習精進的過程,會走一條「從規範學習再自由創造」的道路。一開始我們的學習方式都是循規蹈矩的,因為我們必須掌握基礎模組,先掌握硬技能,然後再學習軟技能。軟技能的模組也是從傳統的、主流的學起,但是隨著學習的深入,水準到了一定高度以後,我們會發現軟技能的模組種類還不夠,太受限制了,需要引入新的模組。將新的軟技能模組引入也意味著組合方式更加多

樣了，於是產出物也就變得更加多元和自由。

　　一個學畫畫的人通常會經歷這樣的過程：初學畫畫者首先要掌握基本技法，這個其實大家都是差不多的，屬於典型的硬技能學習。但是當他技能掌握得差不多了以後，他要以一個藝術家的姿態進行自由創作，為了創新，他就要去找新的風格模組融合到自己的創作中。這個時候引入的模組越新奇，他的藝術事業可能就越有前途。

　　對於絕大多數學習者來說，「先規範學習再自由創造」是一條必經之路，兩種方式構成了一個連續的時間軸。只有經過足夠數量的規範學習，才可能一步步地邁向自由創造，而不可能大踏步地跨越過去。那麼怎樣在後期顯得更加自由呢？那就是增加軟技能的模組！

　　硬體足夠硬，軟體足夠多，這便是一個人才能的護城河。

練 習

去人力資源網站瞭解跟自己專業或職位相關的職位資訊，比較同一類職業在初級職位和高階職位上對能力要求的不同，也可以分別從軟體模組和硬體模組來比較兩者的不同。

	初級職位	高階職位
硬體模組相關需求		
軟體模組相關需求		
其他		

03

用模組化的方式解決問題

　　在一個發展已經比較成熟的系統中，我們能看到比較明顯的模組甚至是現成的模組庫。但是在一些新興領域，由於累積的經驗和資源還不夠豐富，所以很可能這些領域中還沒有明顯的模組出現，此時如果把它們做出模組化改造，可能會達到意想不到的效果，因為一個模組化的系統必定是非常高效的。

星巴克和抖音的模組思維

　　二十世紀九〇年代初，星巴克在北美已經流行起來，當時公司遇到了一個難題，那就是一方面需要快速擴張新店面占領新地區和城市，另一方面，開新店需要的裝修工程費時費力，怎樣才能解決同時快速開設多家店面的裝修問題呢？如果將所有店面的室內設計都按照同一種風格、同一種款式來製作，當然可以把時間和成本降到最低，因為所有的材料

只要透過大量定製或採購就可以了。但是千篇一律的店內環境會不會讓顧客感到厭倦呢？如果顧客對星巴克這個品牌出現審美疲勞，那也是一個很大的風險，於是星巴克就從迪士尼請來了一位資深設計師萊特・梅西（Wright Massey）。

萊特・梅西曾經擔任迪士尼的門市設計總監，在攬下任務以後組建了一個多元化的團隊，這個團隊裡除了室內設計師，還有平面設計師、音樂家、詩人等，他們一起奮戰了十多個月，反覆運算了無數套方案，最後提出了一個模組化的設計方案。

在這個方案中，設計了四套色系和三套家具樣式，四套色系其實是按照咖啡的誕生歷程所設計的四個主題，其中咖啡的種植階段用綠色系表示，咖啡的烘焙階段用火紅加咖啡棕色系表示，咖啡調製階段用青色加咖啡棕色系表示，品味咖啡的階段用淡黃加綠色系表示。每一家星巴克門市都可以選用一個主題色系以及一種家具樣式，那也就意味著，它可以在 4×3 = 12 種裝飾風格中進行挑選。

對於消費者來說，他們有可能看到十二種不同風格的星巴克門市，於是就不會把這個品牌跟單調或者古板聯想在一起，而是會覺得時尚和富有活力。同時這套設計方案也讓裝修工程變得簡單，因為裝修所需的部件都採用模組化方式生

產，每個風格之下都由特定的模組組成，這些部件都放在中央倉庫裡。哪個地方選擇了什麼風格，那麼就只要像點菜一樣選出某一套模組運到店裡，馬上就可以進行快速組裝。

當梅西代表設計團隊把方案呈現給一向苛刻挑剔的星巴克掌門人霍華·舒茲（Howard Schultz）時，舒茲當即拍板採納了這個方案：「趕快去做！」他迫不及待地命令手下去實施這個方案。

果不其然，這個方案獲得了非常大的成功。新建一家門市的工期從二十四週縮短到了八週，費用從三十五萬美元縮減到二十九萬美元。一九九五至二〇〇〇年這五、六年間，就為星巴克節省了一億美元的裝修成本（不過，我們現在看到的星巴克又更換了新的設計方案，不是萊特·梅西的那個版本的方案了）。

而抖音的火爆有一個重要的原因，它也是一個模組化的系統。「抖」可以理解為對人臉等部位的誇張變形，抖音提供了幾十種甚至更多種的變形效果，使用者可以自由選擇其模組；「音」則可以理解為背景聲音，包括「洗腦」神曲、搞怪人聲，使用者也可以選擇其模組。所以錄製一段搞笑的抖音影片就是下面三種元素的組合：

抖音影片＝使用者自拍原片

$$\times$$

各種視覺「抖」效

$$\times$$

各種背景「音」效

　　抖音提供了非常豐富的模組供使用者選擇，使用者甚至還可以自創模組，其他人可以把你錄的聲音拿走，接到自己的影片上。傳統的影片應用並非模組化的系統，在內容創造的豐富度和靈活度上，就根本無法跟抖音相抗衡。

模組讓生活更廣闊也更精細

　　出於思維上的省力原則，當我們觀察一個事物時，我們會僅局限於眼前所見：「它看起來是什麼就是什麼」。真的是這樣嗎？其實並不是。

　　如果我們從眼前的事物出發，去探測它背後的那個系統，我們有可能會發現──我所見的任意一種現實，很可能只是無數可能性中的一個特例。

　　其實這句話並不難理解，我們平常穿的衣服是最典型的

體現。假設現在有一個朋友向你走來，他穿著一件咖啡色的夾克外套，然後你說：「你這件衣服看起來不錯啊，新買的嗎？」

「對啊，昨天在百貨公司特價買的，兩折，怎麼樣，還可以吧？」

「嗯，不錯、不錯，還滿好看的！」

好了，現在你見到的是這一件衣服，如果你有模組化的思維，你的腦子裡已經有一個關於這件衣服的系統，至少有幾十件衣服在你腦海中呈現了。它們是怎麼來的呢？首先，衣服有不同的尺碼，你的朋友可能是穿 L 號，但是商店裡應該還有 S、M、XL、XXL 等；同時同樣款式的夾克外套在商店裡可能還有若干種顏色可選擇，除了你朋友穿的咖啡色之外，可能還有灰色、深綠色和黑色。假設這個款式的衣服有四種顏色、七個尺碼，那麼總共就有二十八種不同的衣服，你所見到的那件只是二十八分之一。但是你可以從這二十八分之一，去想像其他的二十七件分別是什麼樣子的，於是你就看到了這個小小的系統。

衣服的例子很簡單，因為它的模組組合方式是非常程式化的，是盡人皆知的，所以你不會感到特別驚訝。但是對於其他很多東西，它的模組組合方式可能就比較隱蔽，或者涉

及大多數人不知道的知識，對此，如果你還是用模組化的眼光去分析，你就能學到很多。又或者，你把原本不是以模組化方式組織的東西加以模組化的改造，你便能創造出更多的可能性。

這一點，書法家陳榮琚應該深有體會。陳榮琚是當代書法大家啟功的學生。陳榮琚本來字就寫得不錯，在書法上已有一定的造詣，有幸得到啟功的指點以後更是功力大增。那麼啟功給了他什麼指點呢？根據陳榮琚的回憶錄《啟功對我說》所記載，啟功對他的幫助主要是兩個方面：第一個是評點陳榮琚的書法作品，一個字、一個字去分析，這一筆寫得不好，那一筆可以怎樣改進，這些評點當然非常有價值，我們專業一點講就叫「高價值回饋」；第二個幫助是教他進行「小稿練習」。

什麼是小稿練習呢？就是把一張大紙裁成若干小張，然後選擇一些字數少的句子，比如五言詩、七言詩或者四言警句，可以橫著寫也可以豎著寫，或者用另一種書體去寫，寫完以後放在一起比對，分析其間的差別。同樣的句子按照不同的版式去寫，得到的整體效果是不一樣的，用這種方法，陳榮琚在書法的整體章法上就得到了訓練。

我們一般人寫字，只知道看每一個字的結構是不是好，

卻沒有考慮整幅字的結構是不是妥當，字與字、行與行之間也具有一種配合、協調、呼應的關係，如果不考慮這種更高層次的組合，是沒辦法寫好「一幅字」的。

在剛才的例子中，陳榮琚以模組化的方式學習書法，他的途徑是「往上走」，探索到更高的層次，在更高的層次裡，原本的整體（單字）變成了可組合的局部；還有一種方式是「向下走」，深入到更低的層次，把基本元素拆得更精細，也能實現模組化。

日本有一位大廚叫早乙女哲哉，在東京開了一家山居天婦羅專門店，他與「壽司之神」小野二郎、「鰻魚之神」金本兼次郎並稱為「江戶前料理三神」。他說：「光是面對一種天婦羅食材，我大概就能萌生出兩百到三百種不同的想法。」為什麼呢？在一般人眼裡，一種食材就是一個元件而已，而在他眼裡，一種食材還能向下分，分成不同的組成部分，也就是說，在他眼裡，真正的元件是在更細小的層次上。

就拿炸蝦來說，一隻蝦一定要切對半分開炸，一為蝦頭，一為蝦身。因為蝦頭的殼硬，需要炸久一點；而蝦身殼薄，不能炸久。根據早乙女哲哉的長期摸索，他發現炸蝦身天婦羅只需要炸二十四到二十五秒剛剛好，這時撈出，蝦肉裡有一種甘甜味，時間再久就會失去這股甘甜味了。

炸魚天婦羅也是一樣，每塊魚肉其實都不盡相同，一是魚肉有厚薄之分，厚一點的要炸久一點，薄一點的要炸快一點。還有，一塊魚肉往往一面是魚皮，一面是魚肉，魚皮有韌性，比魚肉更難熟，但是這一塊魚又是一個整體，怎麼同時讓魚皮和魚肉都熟度正好呢？早乙女哲哉想出的辦法，就是在魚皮上抹麵粉時少抹一些甚至不抹，魚肉上抹的多一些，這樣同一塊魚下油鍋之後，不同部位的受熱強度是不一樣的，就做到了魚肉和魚皮兩者兼顧。

在我看來，天婦羅之神早乙女哲哉代表了這樣一群人，他們在自己擅長的領域裡能做到極致的精細度。在一個更細小的顆細微性上，他以模組化的方式去精進他的廚藝，這是非常令人驚嘆的。

大膽地跨界使用模組

當然，用模組化的方式做事情並不是高手的專利，好的方法具有普遍性以及通用性，我們每個人都可以用。比如說，「怎樣好好說話」就是困擾很多人的問題，如果我們用模組化的方式去整理脈絡，這個問題就會變得容易得多。

有人可能會說，說話有什麼難的，當然是想到什麼就說

什麼囉。平常的交流當然可以想到什麼就說什麼，但是如果遇到稍微正式或者複雜一點的情形，就不夠了。比如在公司裡開會時，你要向主管報告自己正在執行的專案，給你二十分鐘把一件事講清楚，你知道怎樣講才能講得好嗎？

人人都會說話，但是人人又都不會說話。只有我們用一種「模組化」的方式去思考說話這件事，才能有系統地提升自己說話的能力。其實也並不複雜，說話這件事就分為「說什麼」和「怎麼說」兩部分，「說什麼」是「說」的內容，「怎麼說」是「說」的形式。內容和形式要相互配合，但首先我們需要分別考察，讓它們都豐富起來。

「說什麼」關乎的是你肚子裡有沒有真材實料，為了讓自己有東西可說，你需要豐富自己的知識、見聞和思考，這些便組成了你說話的「硬體模組庫」；「怎麼說」是你表達的形式，體現在你怎樣組織你的材料，按照什麼樣的順序輸出，用什麼語氣、什麼姿態、什麼特徵，以及是否採用視覺化的方式等等，這些組成了你說話的「軟體模組庫」。

市面上有很多教人怎麼說話的書和課程，這些書和課程會講一些說話的技巧和方法，容易讓人產生短時間內就提升說話水準的錯覺，其實並沒有什麼用。當你用「硬體模組庫」和「軟體模組庫」去想好好說話這件事時，便明白這其中沒

有捷徑可走，沒有那麼輕便的方法可以使用。

　　簡單來說，「硬體模組庫」靠的是累積，需要你紮紮實實去做功課，觀察、閱讀、思考缺一不可；而「軟體模組庫」除了累積外，還需要你主動設計。如果你學到的只是一些講話的方法，但是知識和視野都很匱乏，你還是沒辦法把話說好，說三句、五句還可以，但是說多了就會露餡，容易經不起問，對方多問兩句，可能你就不知道怎麼答了。

　　說話是口頭表達，它跟書面表達在很多地方是相通的，口頭表達和書面表達常常可以共用一個「軟體模組庫」。之所以有表達的「軟體模組庫」，是因為表達的方式是多元的，而並非固定一種。很多人知道「金字塔原理」，這是起源於麥肯錫諮詢公司的一種高效溝通方法，核心理論是先說中心論點，結論先行，然後逐一陳述分論點，分論點之下又有細分，這樣由上到下地講下去。這種方法在職場溝通中非常高效，比如你跟主管彙報工作時就可以這樣用，但是在別的場合可能就不太適用。想像一下，如果你去參加類似 TED 演講的活動，也是這樣一板一眼地說，觀眾可能會打瞌睡。換句話說，金字塔原理雖好，但也只是眾多表達軟體模組中的一個，而不是放之四海而皆準的真理，沒有必要把它當成唯一或者最好的方法。

　　有一次我受邀參加一個演講，主題是關於讀書，在場的聽眾以青少年為主。演講前的準備是非常考驗人的，因為我必須去想怎樣講才能夠有新意，能夠吸引人。當時我並沒有參考任何有關演講的技巧和方法，更沒有借用金字塔原理，而是從一部電影中獲得了靈感。

　　這部電影是《STAR WARS：最後的絕地武士》（2017），它非常打動我，因為它講了一個遲暮英雄在最絕望的關頭拯救眾人的故事。路克（天行者）原本是反抗軍的希望，僅存的絕地武士之一，可是他因為曾經的失敗而心灰意冷，隱居一處，放棄了自己的追求，也一再拒絕了反抗軍的求援。可是在反抗軍即將全軍覆沒的關頭，這位昔日英雄突然出現了，而且以一種出人意料的方式，以一己之力抵擋了強大的黑暗勢力進攻。這部電影最成功的地方是創造了一個驚人的轉折，從極度的壓抑和無望到突然的峰迴路轉、絕處逢生，觀眾的情緒（至少是我的情緒）就像雲霄飛車一樣隨之經歷了峰谷之間的轉換。

　　先抑後揚是我們小時候就學過的寫作技巧，直到我看了這部電影，才真正體會到極致的先抑後揚所能達到的情感力量，於是我想，我能不能把這種結構應用到我的演講中。於是我將這場談讀書的演講取了一個很反常的名字叫〈不讀書

的 N 個理由〉，在演講的前百分之九十的時間，我一本正
經地討論著不讀書的種種理由，這些理由也不是我的胡亂編
造，而是在現實中就存在著，很多人不讀書有著各式各樣的
藉口，我只是做了一個小小的總結。而到最後，我突然做了
一個反轉，把這些不讀書的理由都變成了需要讀更多書的理
由。在講這些的時候，我能看到臺下很多人驚異的表情，他
們沒有想到我會做出這樣的反轉，但當我講完時，我看到他
們熱烈地鼓掌向我致意。

　　把電影中學來的敘事結構用在演講中是一個滿冒險的舉
動，在事前我並不確定它能否成功，好在事實證明這是可行
的，於是「先抑後揚」就作為一個表達的軟體模組，進入了
我的軟體模組庫。顯而易見的是，它跟金字塔原理是截然不
同的，如果按照金字塔原理，我應該在演講的第一分鐘就先
提出我的主要結論，但是這樣的話，我就沒辦法看到臺下眾
人那驚喜的表情了。

　　表達的軟體模組應該是非常多元的，我們不僅能從書
上去學習，而且可以從電影、綜藝節目以及平時與他人的交
流中去借鑑，甚至我們可以自己設計。很多人會為蔡康永肩
膀上的黑鳥而感到驚奇，黑鳥是蔡康永在綜藝節目中出場時
的標誌性裝扮，這個形象的源頭是電影大師希區考克的作品

《群鳥》。蔡康永崇拜希區考克，因而愛屋及烏，以電影中的黑鳥作為自己特立獨行的一個標誌。這個他自創的設計讓他在鏡頭前顯得很特別，用現在的話來說，很「吸睛」。那麼黑鳥裝扮算不算是表達的一個軟體模組呢？當然也算，因為表達是立體的、綜合的，表情和姿態屬於表達方式，同時衣服和其他道具也屬於表達方式。蔡康永在肩膀上放一隻黑鳥，就是表達形式上的一種技巧。

　　所以，如果你想做一個好的表達者，你想做一個不論在一個人面前還是很多人面前都能揮灑自如的人，你就要有意識地替自己建立起有關表達的「硬體模組庫」和「軟體模組庫」，然後根據當時情境的不同挑選出合適的、相符合的硬體和軟體模組，用一種系統的方式讓自己成為一個高明的表達者。

心智練習：如何打敗薩諾斯？ ──────────

　　漫威「復仇者聯盟」系列電影現今風靡全球，我也很喜歡看。從《鋼鐵人》（2008）開始至《復仇者聯盟3：無限之戰》（2018），十年推出十九部電影，塑造了二十多位特色鮮明的超級英雄，展開了一幅壯闊瑰麗的幻想畫卷。

　　我看「復仇者聯盟」系列時，會特別關注兩個地方，第一個是超級英雄所使用的裝備進化，第二是超級英雄間是怎樣配合戰鬥、施展組合技能的。這個系列到後面裝備越先進，而英雄間的配合也越密集，時有眼花繚亂、應接不暇之感。

　　先看裝備，鋼鐵人的戰甲一直在升級，第一代的戰甲還需要自己拿電焊燒，而到了《復仇者聯盟3》就已經是奈米戰甲，不僅火力更強，而且形態可以變來變去。他還多次替蜘蛛人製作蜘蛛裝，所以蜘蛛人的戰甲也一直在升級，緊接著核心科技。在《復仇者聯盟3》中，其他英雄的裝備升級換代大多要感謝瓦干達：美國隊長的盾牌升級成鐵灰盾牌，黑寡婦耍起一對雙棍虎虎生威，而酷寒戰士也換上了更猛的生化手臂，當然最重要也最威猛的升級是雷神用一個星球的能量做出了風暴破壞者。

　　用我在這一章「硬體、軟體」的說法，這些裝備升級便

是硬體模組的升級。在一個空前強大的反派薩諾斯面前，升級硬體模組是有其必要的，但還是必須有良好的配合，也就是軟體模組足夠好才有可能阻擋薩諾斯，當然在《復仇者聯盟 3》裡，所有的努力最終都失敗了。

漫威電影宇宙的演進過程中，一開始都是孤膽英雄，然後漸漸增加了一、兩個同伴，可以聯手抗敵，再到五、六個人組成團隊，最後升級到《復仇者聯盟 3》中的超大戰鬥場面。每個超級英雄的技能特點不同，把他們組合在一起運用便會衍生出超多的組合技能，這可以說是漫威電影宇宙最大的看點。隨便舉兩個組合的例子：

1. 雷神＋美國隊長：雷神一錘砸在美國隊長的盾牌上，盾牌反射出的衝擊波一舉掀翻了九頭蛇的坦克。（《復仇者聯盟 2：奧創紀元》）

2. 美國隊長＋緋紅女巫：緋紅女巫用意念把美國隊長抬到空中，美國隊長隨即破窗攻入三樓。有意思的是在配合之前，美國隊長對緋紅女巫說：「就像我們練習時一樣。」說明復仇者聯盟成員有意識地在進行技能組合訓練。（《美國隊長 3：英雄內戰》）

而在彙集最多角色的《復仇者聯盟 3》中，這樣的配合就更多了。這部電影由多場團戰構成：紐約、蘇格蘭、泰坦

星之戰，以及規模最為宏大的瓦干達之戰。在這些戰鬥中，超級英雄們打出了很多精巧的小配合，但是因為動作節奏太快，看一遍不容易注意到這些配合，必須反復看多遍才能找出來。這裡舉兩個《復仇者聯盟 3》中的技能組合例子：

1. 奇異博士＋王：在紐約之戰中有一幕，薩諾斯手下烏木喉用意念射出了幾百枚尖利的磚塊，奇異博士空中畫圈打開時空洞，磚塊被全數吸入時空洞，幾乎在同時，王也打開時空洞，磚塊從王的時空洞射出，就像磚塊轉了一百八十度的彎射向烏木喉，烏木喉猝不及防，面部被擦傷。這種把兩個時空洞相串聯倒轉火力的方式，出其不意，非常精彩。

2. 酷寒戰士＋火箭：在瓦干達大戰中，酷寒戰士一時興起拎起了火箭浣熊，兩位各自持一把機槍分射向兩邊，隨後酷寒戰士原地轉圈形成三百六十度的火力，射向四面八方來的怪獸。

但是要論配合之複雜程度，當屬泰坦星之戰。泰坦星之戰本是精心策劃的戰鬥，整個戰術是由星爵制定，目標是脫下薩諾斯的無限手套。由於薩諾斯實力過於強大，所以只能靠奇襲，盡最大可能限制薩諾斯的行動能力，以快和巧取勝。基本的戰術是這四步驟：

1. 聲東擊西，分散薩諾斯的注意力。

2. 讓薩諾斯的無限手套無法握拳。

3. 把薩諾斯的手腳等限制住，然後讓螳螂女透過心靈控制能力將其弄暈。

4. 摘下無限手套。

　　要實現這樣的戰術全靠配合，星爵和蜘蛛人在奇異博士的幫助下在薩諾斯身邊瞬移，讓薩諾斯疲於應付，而德克斯用匕首專攻其下三路，鋼鐵人則負責重火力壓制。最後幾個人各顯其能，每人分別拉住薩諾斯頭、手、腳，螳螂女靠奇異博士的瞬移術從天而降抱住薩諾斯的頭，將其控制，可惜隨後星爵被情緒左右，毀掉了大好機會。但就算星爵沒有一時衝動，難道他們就一定能贏嗎？也未必。正如奇異博士所說：「打薩諾斯有一千四百多萬種可能，而贏的可能只有一種。」

　　泰坦星之戰非常精彩，體現了超級英雄組合作戰的魅力，但是這樣的戰鬥過程只是眾多可能性的一種。按照組合原理，超級英雄打薩諾斯還有無數種數不清的方式。

　　我們看電影當然主要是為了娛樂消遣，可是你能不能進一步從創作者的角度去思考呢？要是大膽想像一下，讓你來當《復仇者聯盟3》的導演，你會怎麼設計超級英雄們與薩

諾斯的戰鬥呢？你會發現，這件事的自由度非常高。固定下
來的元素是很有限的，無外乎：

- 正派角色：復仇者聯盟＋星際異攻隊＋瓦干達戰士。
- 反派角色：薩諾斯＋四員大將＋怪獸軍團。
- 劇情走向：薩諾斯逐漸集齊六顆無限寶石。

　　至於超級英雄們怎樣阻擊薩諾斯，怎樣把各自的技能組
合起來，上演精彩的戰鬥，包括了太多可能性。在我們看到
的這部影片中，導演主要採用了三條敘事線交錯的方式來講
述這個故事，三巨頭鋼鐵人、美國隊長和雷神各執一線。那
麼如果由你來講這個故事，你會怎麼說呢？

　　尤其是，如果你把電影中隱藏掉的角色蟻人、鷹眼，以
及後來出現的驚奇隊長加進去，你覺得可以設計怎樣的戰術
來戰勝薩諾斯呢？

　　練習一：選擇漫威電影宇宙中的人物，設計組合技能，
並策劃一場足以制服薩諾斯的戰鬥。

　　練習二：另選一部自己熟悉的電影，分析它的基本模組，
然後重新組合這些模組，設計出一個新的劇情。

第四章

限制

喚醒沉睡的創造力

一個受限制的東西，
更能告訴我們可以怎樣去運用它。

01

在限制中發現更多的可能性

在貧瘠角落裡狂歡的小蟲子

有一部動畫片能用一分鐘就把你逗得前俯後仰。

它的名字叫 Larva（幼蟲），中文名《逗逗蟲》，來自韓國，現已風靡世界。它的故事很簡單，兩隻肉蟲——瑞德和耶魯住在城市裡其中一個排雨水的地下道裡。這個「世外桃源」是一個封閉空間，一個鐵柵欄懸在上方，視線穿過鐵欄杆就能看到城市的天空。牠們不會飛，只有肉肉的身體，所以只能待在這個被遺棄的世界一角。

排水溝位於城市的街道，行人如梭，偶有零食、飲料從人們手中滑落，如果正好掉進溝裡，兩隻幼蟲的歡樂時刻就來了。牠們會為這些從天而降的美味打得不可開交，一場場萌蠢爭奪就這樣上演，實在讓人樂不可支。

這部作品已經拍了兩百多集，其中第一季的一百〇四個故事都是在排水溝場景中展開的，到了第二、第三季，牠們

來到地面，開始新的歷險。

就拿第一季的故事來說，所有的故事都遵循這樣的設定：

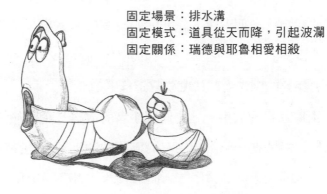

固定場景：排水溝
固定模式：道具從天而降，引起波瀾
固定關係：瑞德與耶魯相愛相殺

圖 4-1　逗逗蟲的瑞德、耶魯

但是，在這樣的簡單設定下，竟然千變萬化地衍生出這麼多的故事，著實讓人驚嘆。我甚至有點嫉羨這部動畫片的創作者，他們怎麼會想到這麼巧妙的點子，編出這麼有趣的故事呢？為什麼他們能做到，而我卻不行呢？其中有何道理可以探究呢？

想起來有段時間我也有創作故事的衝動，但是一提起筆就覺得手上打了石膏一樣，無法動彈。我不知道應該要寫什麼樣的故事，按理說，當然是寫什麼都可以，但這反倒讓我不知道寫什麼了。就像你跟朋友一起去餐廳吃飯，你問朋友

想吃什麼，朋友若是來一句「隨便」，那便最是讓人為難了，「隨便」吃到底是要吃什麼呢？

　　寫故事當然也是一樣，隨便寫便是什麼也寫不出來，首先得要給自己一個限定。除非內心有個聲音喊出來「我一定要寫『這個』！」，故事才會真的開始。於是我不由得去想，《逗逗蟲》的創作者為什麼要寫這樣的故事。

　　兩隻幼蟲的故事，是一個弱小者的故事。牠們無法自由遷徙，只能待在一個陰暗潮濕的逼仄空間裡；牠們沒地方買吃的，只能天天仰著脖子，祈盼著從天上掉落下來的食物；常常還有敵人不請自來，蒼蠅、蚊子、蜜蜂，都能把牠們折騰得七上八下；要是遇到暴雨、冰凍或者烈日，牠們的處境也會岌岌可危。這樣的故事，會不會是創作者過往生活遭際的映射呢？

　　我發現大多數打動人心的故事，主人公都是從一個很低的起點開始。他們或許出身卑微、力量弱小，或者雖出身高貴但突遭不幸，又或者被囚禁、被汙衊、被欺辱，也正是在諸如此類的境遇下，人內心強大的、向上生長的力量才會被激發出來。這種力量是非常動人的，就像困於排水溝中的那兩隻蟲，雖然牠們很渺小，但是依然充滿了探索這個世界的欲望。牠們很會玩，有解決麻煩的機靈，同時也富有同情心，

願意去幫助同樣弱小的生靈。所以，在表面無厘頭搞怪的背後，你能看到一股頑強的生命力，我想這也許是《逗逗蟲》之所以這麼風靡的重要原因吧！

　　我原本把寫不出故事歸咎於「準備不足」，因為一些教人寫故事的書告訴我，要想寫好故事，必須在很多方面都做到位，我拿這些條件跟自己一對照，真的是很多方面都不行：

1. 故事所構建的世界，需要很多細節知識來支撐，而我的知識還不夠。

2. 我不會描寫場景，或者說描寫得還不夠細膩，難以讓人有身臨其境之感。

3. 我不會寫人物對話，或者說我寫的對話很枯燥，無法讓人物形象躍然紙上。

4. 我對不同類型人物的內心世界掌握不足，可能是因為沉浸在自己的世界太久的緣故。

可是當我把這四個理由跟《逗逗蟲》一對比，發現這些都不是我寫不出故事的理由：

1. 寫《逗逗蟲》的故事不需要什麼知識，場景和道具都來自生活。比如，人喝了可樂以後會打嗝，所以蟲子喝了可樂後也會打嗝（噴氣），這就成了一個笑料。想出這樣的笑料不需要專業知識，只需要生活常識。

2. 《逗逗蟲》的場景單一，布景也簡單，再不會寫場景，
反復磨一磨也會寫了。

3. 《逗逗蟲》是默劇，只有動作，沒有對白。

4. 《逗逗蟲》寫的是蟲不是人，雖然這些蟲很多性格、
行為跟人一樣，但還是比人簡單很多，比如不用描寫
男女情愛。

我甚至有點懷疑，那些教我寫故事的書，是不是騙人的
呢？這些書沒有教會我寫故事，而只是告訴了我 N 個寫不出
故事的理由，但其實這些都不是理由。

要想寫一個故事，就從設計一個充滿限制的場景開始。

至少在《逗逗蟲》這個例子裡，我看到的是一個特別的
場景設計成就了這個故事，這個定位在排水溝的場景代表的
是什麼呢？它並不代表充裕、自由、繁茂，恰恰相反，它代
表的是匱乏、約束、凋敝。

一個處處受限、要什麼沒什麼的地方，才是會發生無
數故事的場景，故事在這個場景之中便會自然而然地流淌出
來。正因為這個地方是那麼的匱乏、約束、凋敝，所以一旦
有什麼東西進入這個場景之中，就都成了「大事件」，不管
是冰淇淋、熱狗、可樂罐還是一根吸管，對於那兩隻蟲來說，
都是上蒼賜予那好吃又好玩的神奇禮物。

因為牌爛，所以能打得精彩

　　大家一般的想法是，限制就是限制，限制一定是阻礙我們的東西，必須除之而後快。而在這裡，我懇求大家進行思維逆轉，換個方向去思考限制的價值。嘗試著（哪怕暫時地）去接受限制、利用限制甚至喜歡限制，去跟限制做朋友，也許你真的會收穫一些意想不到的東西。

　　我之前介紹過名廚江振誠，他訓練手下的廚師時就擅長利用「限制」來做文章。其中一個經常採用的練習是，給每個人隨機分配三種常見食材，然後讓他們以此做一道好吃的菜出來。

　　開始做這個練習的人都感覺很為難，一是原本以為做菜都是有食譜的，有方法可循，這次卻是即興創作，臨場發揮；二是因為一道好菜總要各種東西搭配才好，只有三種食材，而且是隨機組合，要想做得好吃，難度可想而知。

　　可是在江振誠看來，只有在這樣的限制條件之下，才能迫使廚師們去深入挖掘常見食材中還未顯露出的味道，讓他們去思考不同的食材還有什麼潛力可以挖掘。就拿胡蘿蔔來說，我們知道胡蘿蔔有幾種常見的做法，這些已經成為習以為常的做法，但是一定還有我們尚不知道的其他做法，一定

還有我們沒有吃過的味道，那麼這些未知之味就可以透過這種限制性的練習來探索。

廚師手中的食材就像一個牌手手中摸到的牌，如果摸到一副爛牌，怎麼打？這才是考驗功力的時刻。有人說，自己的人生也好像是拿了一手爛牌，不知道如何打下去，那麼就想想江振誠的這個練習。我知道，很多時候固然很難，但是這些至暗時刻也未嘗不是激發我們潛能的一個契機。

如果我們在生活中需要應對的永遠是稀鬆平常、很好打發的事，那麼我們根本不必努力做什麼，只有當障礙出現時，我們才會被刺痛、才會一躍而起，我們才會思考以前沒有意識到的可能性，從慣常的軌道中偏離出來。

自由固然是可貴的，但是恰恰是限制最有可能激發起我們的創造力，人與物的潛能在限制的刺激下方能迸發出來。

練　習

思考以下兩個問題：

1. 假設今天，由於某個合法的原因，你突然獲得了一百億人民幣（約新臺幣四百億左右）的財富，你會怎麼運用這筆錢？
2. 假設今天，透過某種神奇的醫學技術，你獲得了長生不老的能力，你會怎麼規劃一百歲以後的生活？

向死而生，激發新的可能性

經常有人會說，因為我沒有錢，所以什麼都做不了；有人會說，我的時間不夠用，所以沒辦法做自己喜歡的事。但是當這些限制統統解除以後，你確定自己真的知道想要什麼、能做什麼嗎？也許此時有無數個念頭會冒出，有太多的願望可以羅列，不過有很大的可能你還是會很困惑。是啊，如果有一天我變得無所不能，那麼我還想要什麼呢？

限制會讓我們難受，但是恰恰是這種難受，會讓我們思考，會讓我們去想這個世界到底是什麼樣的，為什麼會有這麼多限制，這些限制的意義又在哪裡。

由限制而引發的麻煩是不可避免的。一個人不論走到何處，都會遇到諸多限制，再放大來看，每一個人遇到的最大限制就是死亡。在德國哲學家馬丁・海德格看來，正是因為死亡不可避免，生命的活力才能被激發，人的精神力量才能被最大程度地喚醒，人才會拚盡全力活出精彩而不凡的一生。從這個意義上來說，「向死而生」便是限制和創造之間關係的最好證明，而這就是限制能帶給我們的第一個好處──限制能激發新的可能性。

縮小選擇範圍，找到內在規則

　　限制的第二個好處，需要從我之前講過的組合原理開始談起。前面我寫過，只要調用已有的模組並加以合理組合，就能創造出新東西。把所有的模組放在一起施以排列組合，可能會組合出多少東西來呢？這個數字很容易變得非常龐大。實際上窮盡所有的組合是不可能的，更不用說從中找到最合適的組合了。所以必須加上一些條件，讓組合的理論可能範圍縮小，讓有價值的組合更容易浮現，這些條件也就是一種限制，所以限制的第二個好處是——它能縮小選擇的範圍。

　　如果沒有限制，那麼我們很多選擇會是「隨機」的，因為我們根本無從評判什麼樣的選擇是更好的，或者什麼樣的選擇應該率先被嘗試，而限制就扮演了「路標」的角色，它能指引我們走到一個能看到風景的地方。

　　想像現在你的面前鋪著一張很大的白紙，手邊還有一些圖片和文字稿，你的任務是把這些圖片和文字稿鋪在這張白紙上，使它們編排得合理而美觀，這個工作也叫「排版」。

　　一張白紙之上，內容的編排方式是無窮盡的，如果嘗試去排列，你會發現剛開始怎麼擺都可以，但是擺著到後面，

後面的內容就不好擺，甚至是不太容易擺平了。其實這樣的嘗試就是「隨機」式的，正因為沒有限制，怎樣擺放都可以，反而不知道怎樣擺是更適合的，也許需要一、兩個小時才能找到一個不錯的擺法。

可是想想看，這不過是一件看起來滿簡單的小事罷了。如果是更複雜一點的事情呢？也是這樣沒有方向地去嘗試嗎？當然就不行了。只有找出這件事必要或者有益的限制，並讓限制來幫助我們，才是可行的辦法。

仍舊拿排版來說，專業的排版設計師手上有一個強大的武器叫作「網格系統」，這就是一個利用限制來創造自由的系統。網格系統是一張大網，「網眼」是相同大小的矩形格子，這面網格覆蓋在白紙上，就成了這個版面的網格系統。網格系統就像「輔助線」，在設計過程中它是可見的，等設計完了，呈交給讀者時，不會讓讀者看到，讀者看到的是利用網格系統展現出來的設計效果。如果是在白紙上排版，我們需要用鉛筆來畫，以便事後擦除，如果在電腦上操作，用軟體便能很方便地畫出和消除網格。

不同的網格系統有疏密之分，這取決於想把版面分成多少區塊。如果把版面切分成三行兩列，那就是六格系統；如果把版面分成四行兩列，那就是八格系統；如果把版面分成

五行三列，那就是十五格系統，以此類推。

在網格系統中，一個格子是能存放圖文內容的最小單元，也就是說，你可以把一張小圖片或者一小段文字放在這個格子裡，與此同時，相鄰的格子是可以組合的，變成更大的格子來放置內容，比如 2×2 相鄰的四個格子可以放一張更大一些的圖片。

初識網格系統，很容易不以為然。我們會想，如果所有的內容都放在格子或者格子的組合中，會不會太受限制呢？但是嘗試過以後你就會發現，恰恰是這樣的呆板為靈活的設計提供了支援。因為你不必再絞盡腦汁去想怎樣分割頁面，這個頁面已經以一種整齊的方式分割好了，你要做的只不過是在有限的組合中進行選擇。

關鍵是，網格系統下的所有組合都能讓版面顯得「整齊」，不會給人凌亂的感覺，因為它們都建立在規則的縱橫網格之上。從這個角度來看，網格系統對排版的意義不僅是一種限制，還是一種內在的規則。

一件事物之所以有種種限制，一個原因就是這些限制體現了某種沉潛於內的規則，而限制不過是內在規則的外顯特徵。所以當你去瞭解一件事物的限制時，實際上是瞭解這件事物的內在規則。

練習

筆記本內頁的基本式樣有空白、橫線、方格和點等等，其中方格和點都可以當作是精細版的網格系統。巧的是，方格本和點點本也是手帳愛好者特別鍾愛的兩種筆記本。其中的主要原因是它們排版方便，寫或者畫出來的東西看起來很整齊，並且適合畫各種形式的圖表。如果你之前沒有寫手帳的經驗，建議購買一本方格筆記本，嘗試開始寫手帳。

在《逗逗蟲》裡，排水溝場景既是一種限制也是一種規則，這個規則便是：所有的故事都在排水溝這個舞臺中上演，沒有別的地方可去，在第一季裡就是這樣的規則。有時候，有些情節雖然是在排水溝之外發生的，比如兩隻蟲被天上的UFO吸走了，但是你不會看到牠們待在UFO中的畫面，你只會看到牠們又掉落回排水溝中的樣子。

一部好的虛構作品，一定有一套完整和一致性的規則，這些規則對故事的走向做出了規定和限制。一個沒有規則的故事一定不是好故事，如果規則不完善或者規則之間互相矛盾，也會讓這個故事漏洞百出。所以在《逗逗蟲》裡，還能看到明顯的角色設定（見下表4-1），這些設定為瑞德和耶魯創造了一種固定的交鋒模式。

表 4-1　逗逗蟲的角色設定分析

	體型	性格	運氣
耶魯	較大	軟弱	好
瑞德	較小	強勢	壞

就因為有這樣的設定，所以在劇中，個頭小的瑞德總是欺負個頭大的耶魯，這種反差就造就了喜劇效果，而欺負的結果往往是運氣更勝一籌的耶魯反敗為勝，這又帶來了喜劇效果。這樣的設定保證了這部劇在角色衝突層面持久的趣味性，它既是一種限制，更是一種行之有效的規則。

網格系統更是如此，網格系統本身就是規則，版式在這套規則之下進行設計而不可僭越。對於創作者來說，如果他要創造一個系統，那麼首先就要設計好這個系統的規則，而設計系統的規則在某種程度上就是思考有哪些限制。正如 J・K・羅琳所說：「在創造出一個虛幻世界的時候，要決斷的最重要事情就是角色不能做什麼。」她在構思「哈利波特」世界時，首先去構想的就是每個人物有著什麼樣的局限性。

所以，一個世界因其規則而有所限制，限制雖然減少了可能性的範圍，但是這樣才讓事物變得真實而合理。

02

把限制當作解決問題的線索

　　學會思考事物的限制，能發掘出有價值的資訊。在處理麻煩的事情時，可以試著問自己如下兩個問題：

　　問題一：這件事物的限制有哪些？

　　問題二：這些限制的背後反映了哪些資訊？

　　思考潛藏在限制背後的資訊，這些資訊也許就是應對問題的線索，這就是限制的第三大功能。

　　思考一下，一塊磚塊可以拿來做什麼？並盡可能列出多項答案。這是許多創意思維課程中最容易問到的一個問題。這個問題的答案據說有幾百個之多，磚塊除了用來砌磚牆之外，還可以用來墊桌腳、用來砸核桃、用來蓋泡麵、用來防身……但是這些答案有什麼用處嗎？似乎沒太大的用處。

　　在日常生活中，如果我們使用某件東西，不是因為它是萬能的，而正是因為使用受到限制，一個受限制的東西更能告訴我們可以如何使用它。

　　據說，適合切肉片的刀和適合砍骨頭的刀是不同種的

刀，因而一個好的廚師會配備一套各盡其能的刀具，這也意
味著每一把刀的適用範圍受到了很大的限制。還有更精細
的，吃螃蟹需要用到的工具就有八種，各司其職，合稱「蟹
八件」，其中的每一件工具只在剝蟹的某個過程會被用到，
除此之外便全無用武之地。

發明便利貼：「缺點」反成優點

　　觀察一個東西所具有的特點，從正面看能看出其功用，
從反面看能看出其限制，這是一塊硬幣的兩面。而要澈底弄
懂一個東西，從正面出發可以，從反面出發也可以，殊途同
歸。

練　習

思考下面兩個問題：
1. 膠水有什麼用途？
2. 黏性很弱的膠水有什麼用途？

　　第一個問題的答案當然很多，但是不外乎用 A 去黏 B，

用 B 去黏 C，這些答案雖然都對，但是沒有太大的意義，而第二個問題突然變得有趣了。「黏性很弱」乍看之下是一個限制，你可能會想，黏性很弱的膠水還能叫膠水嗎，怎麼可能有用呢？但反過來想，「黏性很弱」也可能是某一類事物的規則，也許你能找到這類事物，如果找不到的話，能否以此規則創造出這類事物呢？有趣的是，恰恰有人做出了這樣的嘗試。

一九六八年，美國 3M 公司有一名西佛博士，他在一個研究膠水的科研小組裡工作，目的是發明出新型的強力膠水。但是西佛這個人有點個性，喜歡自己研究，嘗試一些比較奇怪的比例，結果一種全新的膠水就被發明出來了。不過這種膠水的黏性不僅沒有比原來的更強，反而更弱了。西佛的上級對這個新發明並不買帳，畢竟分配給西佛的任務是發明強力膠水，結果弄出一個黏不住東西的膠水，還好意思邀功請賞？於是這項發明就被閒置了。

但是西佛很執著，他堅信自己的發明必有用武之地，就在公司裡到處宣傳，於是 3M 公司上下都知道了這個西佛博士發明了黏不住東西的膠水。

就這樣過了好幾年，轉機發生在 3M 公司的另一個員工弗萊博士身上。在教堂唱詩班唱歌時，弗萊博士會用一些小

紙片當書籤，把書中經常會唱到的歌詞加以標示。但是紙片很容易從書上掉下來，一而再、再而三，成了一個惱人的小麻煩。終於有一天他想起西佛博士的膠水，這種膠水的黏性雖然很弱，但黏紙片就已經足夠了，同時也容易把紙片再取下來黏到別的地方，反復黏貼也可以，這不是很方便嗎？

黏性不強的膠水＋紙片＝可反復黏貼的便利貼

新發明「便利貼（Post-it note）」就這樣誕生了。作為職場人士的工作利器，這個小物品改變了世界，它也成為3M公司代表性的發明之一，為公司賺取了不菲的經濟報酬。

要把西佛博士的發明轉化為能賺錢的商品，必須處理好「黏性不強」這個看似負面的屬性，但是當年3M公司內部除了西佛和弗萊，所有人對這個屬性的理解都太狹隘了。我們可以比較下面兩種觀點：

觀點一：黏性不強的膠水是沒用的，因為什麼東西都黏不住。

觀點二：黏性不強的膠水在需要黏性較強的場景中是沒用的，不過在需要黏性較弱的場景中是有用的。

「觀點一」的局限是假定所有需要黏性的場景都是黏性較強的場景，這是一種思維固定模式。

思考限制的深層「意義」

　　一個黏性不強的膠水肯定是不能用來黏玻璃、黏木頭、黏金屬，這是這種膠水的限制，但是這種限制也反過來啟發我們去找到適合它的場景，在這個基礎上，新的發現和創造就誕生了。從這個例子類推，能不能設計出這樣的思考步驟：

　　第一步：明確一件事物具有的各種限制。

　　第二步：理解這些限制的「意義」。

　　第三步：基於上述的理解，構想滿足這些限制的方案。

　　不要小看這三步，似乎有些簡單，但是真的能讓思考變得更容易。可以把這個方法當作一種「排除法」來應用，在明確了限制以後，羅列出不符合限制的種種選項，把它們排除掉以後，剩下的選擇一少，當然就容易找到正確的解答了。

　　解決問題的高手會有意無意地透過識別和滿足各種限制來加速解決問題的過程。比如，偵探破案必然要悉心尋找潛藏的事實線索，這些事實線索限制了案件的可能性，限制越多，那麼案件的真相就會越收斂，就越容易破案。

　　醫生看病也是這樣，透過儀器獲得的各種檢查指標限制了醫生對病例作出過於主觀的猜測，正是在這些限制的啟發下，醫生才能從最大的可能性去推斷。

　　事實上，DNA 雙螺旋結構的發現者弗朗西斯・克里克和詹姆斯・華生也是這麼做的。在一九五一年到一九五二年之間許多次前期構想中，華生和克里克總是假設 DNA 是一個三螺旋結構，但是這個結構無法被實驗資料所證實，這讓他們飽受挫折。幸運的是，他們注意到了另一位生物學家的發現而及時轉向，這個發現就是「查加夫法則」。

　　查加夫是一位在美國工作的奧地利科學家。一九五〇年，查加夫從實驗中得出的資料發現，DNA 中四種鹼基的數量關係有著特定的模式，鹼基 A 與鹼基 T 的數量基本相同，而鹼基 G 與鹼基 C 的數量也基本相同，這意味著什麼呢？

　　原來，在兩條核苷酸鏈組成的雙螺旋結構中，一條鏈中的鹼基 A 總是與另一條鏈中的鹼基 T 相連接，而鹼基 G 總是與鹼基 C 相連接，它們像拉鍊一樣扣在一起，這樣的結構正好能得出查加夫所得到的實驗結果。而三螺旋結構就不同了，假設存在一種三螺旋結構，那麼就是三個鹼基配成一組，比如 AAT 或者 ATG 一組，不管用什麼樣的排列組合，都不可能得出 A 與 T 數量相等且 G 與 C 數量相等的結果。因此在查加夫法則這個約束條件下，三螺旋結構註定無法成立。

　　當然他們要滿足的約束條件不止查加夫法則。首先，他們手上最重要的工具是 X 射線繞射技術，透過這項技術，他

們能得到 DNA 晶體的圖像和資料（包括借鑑女科學家羅莎琳·富蘭克林的高品質的繞射圖像），所以他們構想的模型必須能與直觀的圖像接近，且讓資料相擬合；其次，核苷酸的組合方式要符合相關的化學原理，有些單元結構是相互排斥的，有些則相互吸引，所以在一個微觀的層面上，他們要思考，如何將模型中的每一個模組像樂高一樣合理地拼插起來，同時又不與現有的化學知識相衝突。

以上透過科學方法獲得的種種限制都縮減了 DNA 結構的可能選項，排除了三螺旋結構之類曾經被看好的模型，直至剩下那個唯一正確的答案——雙螺旋結構。

把最能絆倒你的東西先解決掉

擁抱那些限制你的東西吧！它們能讓你更好地理解這個世界。正如英國數學家安德魯·懷爾斯在回顧證明費馬大定理的歷程時所說：「或許我能借助進入黑暗大樓內的經驗，最好地描述我如何研究數學。你進入第一間房，但它裡面一片漆黑，伸手不見五指。你會不小心撞到家具，不時被周圍的東西絆倒。漸漸地，你能感覺並知道每一樣東西、每一件家具都在哪裡……」那些曾經絆倒懷爾斯的東西是他遇到的

種種限制，但是它們也讓懷爾斯有所啟發，讓他漸漸摸清了身處的這間「屋子」。

限制本身就是資訊，同時也是線索。把限制當作線索來想，不僅能解決學術上的問題，也能幫助我們解決生活中的麻煩，整理行李箱就是一個經常會遇到的小麻煩。假設某次出行前，我需要把下列物品放入行李箱：一臺筆記型電腦、兩本書、一個手機充電器、一支刮鬍刀、一盒準備送朋友的月餅禮盒與茶葉兩罐、一件外套、兩件襯衫、內衣、筆袋、護手霜等等，那麼我應該先把什麼裝進去呢？

手機充電器是最容易忘記但非常重要的東西，所以我想先把充電器放進行李箱。可是我應該放在哪個位置呢？行李箱的任何一個角落都可以。然後我想放進兩本書，可是我發現充電器和書不適合疊在一起，它們只能分開放在不同角落。這樣幾次來回，當我要放月餅禮盒的時候，就會發現已經放不下了，這時各種大大小小的物品已經通通疊在一起，有些空間也造成了浪費。

最大件的東西最有可能裝不進行李箱，因而是完成任務的最大限制。所以最好按照從大到小的順序來滿足這個最大限制，先放進月餅禮盒，再放筆記型電腦，而小件（充電器、刮鬍刀等）和軟的東西（衣物、毛巾等）可以最後放，把它

們塞到餘下的空隙裡就可以了。只有這樣，才能把行李箱的內部空間利用到極致。

整理行李箱如此，設計手機的內部結構也是一樣。你可以把手機殼當作行李箱，而各種部件就是要裝載的行李，只不過手機零部件的數量和種類更多，所以會更複雜。手機內部最難應付的「行李」無非就是面積最大的主機板、體積最大的電池以及最影響厚度攝影鏡頭，所以只要先確定了主機板、電池和攝影鏡頭怎麼放，那麼餘下的工作就相對簡單了。

在所有的手機品牌中，蘋果 iPhone 的結構設計跟它的人機互動設計一樣，都是頂級的。拆開任何一臺 iPhone 觀察它的內部結構，都會發現內部極為精巧細緻，空間完全占滿，沒留下任何閒餘。例如，在 iPhone X 的結構設計中採用了雙電池、雙主機板的構造，兩塊電池呈現「L」形放置，而主機板是分成兩片、上下兩層疊放（見圖 4-2），這樣一來，主機板和電池太占空間的問題就得以緩解了，也更容易跟其他零部件緊湊地排布在一起（顯而易見，蘋果公司的結構設計師們也一定是世界一流的行李箱打包專家）。

所以，不論是發現 DNA 雙螺旋結構或證明費馬大定理，還是打包行李箱或者設計手機的內部結構，利用限制這個線索，都能讓解決問題變得容易。

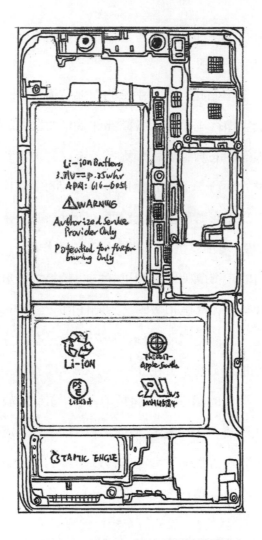

圖 4-2 iPhone X 內部設計結構

03

理解限制，打破慣性

激發創造、縮小範圍、提供線索，這是限制的三個功能。由此可見，學會跟限制相處，學會充分利用限制，是一種難能可貴的智慧。理解了限制的作用和意義，能讓我們對這個世界的看法更加清醒和完整，也讓我們在生活中更加從容。以下三個觀點，就是我從理解限制的過程中所得到的。

「萬能鑰匙」是不存在的

假設有人告訴你，他發現有一種藥可以包治百病，還舉了很多病例來證明，你會不會相信呢？當然不要信。病跟病之間不一樣，這就意味著要治療這個病要滿足的限制也不一樣，而問題的解法必定要滿足限制條件才可成立。所以，有一百種病就有一百組不盡相同的限制條件，而針對這一百組限制條件就必然有不少於一百種的不同解法（如果能找到這些解法的話），因此不可能有一種包治百病的神藥，如果有

人宣傳有，那他很可能是個騙子。

　　同樣的道理，也不存在能保證你「一定能成功」的方法，因為每個人的境遇、資源、才能都不同，這些都是一個人的限制條件。如果某種方法宣稱可以不管每個人的約束條件，保證「一定能行」、「一定能贏」，那基本上也是唬人的。人都需要為自己尋找答案，為自己開出藥方，一個人的成就也一定是建立在他的獨特性之上。就算讀了很多書，要想讀書有預期的效果，也不是靠從書裡直接搬運答案，而是要增加對萬事萬物的理解，瞭解生活表象之下的「深度知識」，以便能站得更高、看得更深，為個人的求索之旅備好行囊。

生活中的麻煩常常事出有因

　　很多人應該都被難以扭開的食品罐頭惹惱過。因為有些罐頭的蓋子封得太緊，讓人使出九牛二虎之力都打不開，看得見卻吃不到，手都快要弄到抽筋了，真是叫苦連連。這當然會引發我們的抱怨，把蓋子壓得這麼緊，一點都不考慮使用者的感受嘛！

　　可是，反過來想，食品罐頭的蓋子之所以那麼緊，原因是什麼呢？是為了更好的密封性。如果罐頭不夠密封，空氣

可以自由出入，那麼食物就容易腐敗變質，所以良好的密封性是食品罐頭必須要滿足的限制，甚至可以推論，越難打開的食品罐頭其食物的新鮮度和安全度越有保障，這反倒是生產廠商負責任的表現。

　　在生活中，像打開密封罐頭這樣惱人的大事、小事還有很多。遇事不順，當然會惱怒，會有挫敗感，但是如果我們能看得深　點，至少可以先理解它。有些麻煩的出現其實是客觀上存在某種必要限制的結果，而並非源於某個人的惡意（比如不是「罐頭廠商故意捉弄消費者」），也並非出自自己的無能（比如不是「我力氣小打不開罐頭，所以我沒用」）。理解了這一點，很多事情恐怕就釋然了。

理解限制需要不斷校準

　　當江振誠用「三食材法」給手下的廚師當練習時，起初這些廚師覺得不可能完成。食材數量的限制實在是太過苛刻，讓他們感覺無從下手。但是你想想看，在這個練習裡，食材少是那個真正的限制嗎？其實不是。真正的限制是他們對食材的認識還過於局限，對食材加工方法存有思維固定模式。一旦他們打開了自己的想像力，去想像尋常食材可能有

的不尋常味道，那麼手中的難題就迎刃而解了，三種食材同樣能做出讓人叫絕的美食。

在劉慈欣成名之前，沒有人會想到，一個在娘子關電廠上班的普通工程師能寫出風靡全中國、震撼世界的科幻作品。用常規的眼光去看，劉慈欣的生活圈是很受限的，偏安一隅、平淡無奇的環境似乎不會給他什麼創造上的靈感和刺激，但是這些都沒有對劉慈欣構成真正的限制。因為他有想像力，他靠想像力超越了常人所理解的種種限制。或許你可以思考，當你抱怨自己環境的種種限制、境遇的種種坎坷時，是不是沒有找對那個真正限制自己的東西。

更好地理解限制，理解它的作用和意義，有助於我們更好地度過這一生。當然，當我們遇到具體的問題和麻煩，遇到一定要突破的限制時，還是需要想方設法找到解決問題的出路。對此一個最基本的思考脈絡是：如果現實、客觀的限制牢不可破，那麼打破思維的限制就是最可行的路徑。

因為人是習慣的動物，人總是從過往中吸取經驗，當有問題出現時，大腦的本能反應是找過去的答案。用舊答案來回答新問題，可行嗎？有時候可行，但總有不可行的時候，所以打破限制很多時候是要打破自己思維上的慣性。

隨機性與啟發式

　　打破這種慣性的常用方法就是借助隨機性——英國的思維研究專家愛德華・德・波諾就提倡這種方式。當你覺得你的思考進入了死循環，想不到什麼新方法的時候，可以拿出一個隨機詞表（其實只要拿出一本詞典，隨意翻到某一頁就可以），隨便找出一個詞，跟自己原本思考的主題組合在一起，然後看有沒有新的靈感火花出現。比如，你原本在思考怎樣做一款新穎的餅乾，然後隨機詞表裡出現的詞是「彈弓」，於是你就可以試著去想：

$$餅乾＋彈弓＝？$$

　　哦、對了，也許可以設計一種可以彈射的餅乾，讓餅乾透過彈弓發射，射進嘴裡。看起來很不可思議是嗎？如果把這個構思改進一下，說不定還是可行的呢。要知道，如果沒有隨機詞表，你可能永遠都不會把餅乾跟彈弓聯想在一起，這就是引入隨機性的作用。

　　打破限制思維的第二個方法是使用「啟發式」。所謂的啟發式，指的是一些思考問題的角度，它們是思維專家們從大量的經驗和案例中總結出來的，已經被證明對開拓思考很

有效。比如創意專家奧斯本提出的「奧斯本檢核表（Osborn's checklist）」，是九個具有啟發性的創意提問，包括是否可以組合、是否可以挪用、是否可以重新排列、是否可以逆轉、是否可以放大、是否可以縮小等等。

　　把奧斯本的方法用在剛才的餅乾問題上，新的靈感便出現了。採用「放大」的啟發式後，就有可能出現這樣的創意：一個商場裡出現了一個巨大的彈弓，足足有兩、三公尺高，這個巨大的彈弓不斷地散射出餅乾，孩子們圍在附近去接這些餅乾……這就是一個新型兒童遊樂場的設計啊。

　　那麼採用「縮小」的啟發式會想到什麼？想像一下，在一塊餅乾上有若干個微小的彈弓，這些彈弓不停地把巧克力粉末或者其他粉末投射出去，這會是什麼樣的味覺體驗啊。當然，微型彈弓的材料本身就是可食用的，甚至它不是利用機械發射，而是透過別的方式來實現「彈跳」的效果，就像跳跳糖一樣。跳跳糖的原理是裡面加入了壓縮的二氧化碳，隨著表層的融化，二氧化碳氣體沖出，就實現了彈跳的效果。按照這種原理，發明一種「跳跳餅乾」也不是不可能。

阿奇舒勒的遺產

　　不論是引入隨機性還是引入啟發式，都能讓我們的想法更加新穎和多樣，從而打破思維上的種種限制。但是如果隨機性和啟發式還是不行，那麼我們就需要引入一些系統的創造性方法，其中最具有代表性的就是根里奇‧阿奇舒勒創立的「發明家式的解決任務理論（TRIZ）」。

　　阿奇舒勒是一個被低估的名字，這位蘇聯的發明家和專利研究者創造了一個迄今為止最精密、最全面的發明創造方法。在阿奇舒勒看來，解決一個現實中的麻煩或者問題，首先應該明確的是這個麻煩背後的核心矛盾是什麼。就拿之前舉過的食品罐頭為例子，密封性和易打開性是相對立的兩個因素，那麼有沒有方法可以兼顧兩者呢？這就是解決方案的起點。

　　消除矛盾是解決問題的核心，如果解決問題的人沒有意識到矛盾，或沒有理解矛盾，僅僅是透過隨便試試、碰碰運氣的「嘗試錯誤法」去解決，那麼往往是低效或者無用的。

　　造一艘船時，對穩定性和阻力的要求是存在矛盾的，理想中，一艘船在行進時，阻力最好是盡可能小，而穩定性盡可能高；但是讓阻力更小的方法是讓船身更狹窄，可是船身

變狹窄以後，穩定性就下降了，這就是一組矛盾。又比如，把天文望遠鏡發射進入太空，主要的矛盾在於發射艙不可能運輸直徑過大的鏡面，而望遠鏡一定是鏡面越大、觀測能力越強，這個矛盾就變得特別突出。

在專案管理中也存在無形的「技術矛盾」，如果一個團隊能招攬到比較多的人才，分工合作、各盡所能，那麼理論上工作效率會比較高；但是人多了以後，人與人之間溝通所花的時間就會很多，可能的誤解也會增多，這又會拉低工作效率，甚至會讓工作完成時間都難以預計，這就是一個典型的「人月神話」問題。

相互矛盾的兩個限制 A 和 B 若是去掉一個，矛盾當然也就消失了，但是代價也會很大。所以阿奇舒勒認為，所謂發明就是找到一種能同時滿足 A 和 B 的創造性解決方案，由此也就能消除技術矛盾。例如，從折紙藝術中獲得啟發，把望遠鏡先折疊起來，縮小它的表面積，讓火箭運到太空後再充分展開，這就解決了太空望遠鏡鏡面大小和運輸難度的技術矛盾。

寫到這裡我要橫插一筆，聊聊「問題」這個詞。

「問題」這個中文詞彙是模糊而多義的。在英文中，至少有三個單字都可以譯成「問題」，分別是：question、

problem、puzzle，這三個詞的區別可不小。

「question」往往是表述模糊的問題，它反映了尚未界定清晰的困惑，而一個困惑中的人所問的問題常常不等同於其背後那個真正的、連提問者都還沒意識到的問題。「question」型問題的模糊性，意味著可以從多種不同的角度去「回答（answer）」，卻難以真正地獲得「解答（solve）」。比如，「人生的道路該如何走」這個問題並不是一個精確的問題，也許提問者的困惑是無比真實的，他確實困惑於這個問題，每天為之煩惱，但其實他並不知道他要問的是什麼。

而「problem」指的是可以明確界定下來的問題，因而是可以得到解答的。心理學裡有一個分支叫問題解決心理學（psychology of problem-solving），用的就是「problem」這個詞。但是，「problem」依然是開放式的問題，解決方案可以是多種多樣的，而且很難判斷哪一個是最優的方案。比如一家公司今年的利潤下滑，這對於這家公司的管理層來說，或許是一個可以釐清的問題，但是怎麼解決利潤下滑的問題，從不同角度去分析也會有多種多樣的方法，但管理層可能無法知道最佳的方法是什麼。

那麼「puzzle」是什麼呢？在「puzzle」中，問題是非常清晰的，是「定義良好」的問題。在清晰的問題之下，判斷

一個答案是不是最佳答案也變得容易。迷宮圖案是 puzzle、燈謎是 puzzle、數獨也是 puzzle，乃至我們在中小學時做的絕大部分題目本質上也都是 puzzle（但作文不是）。實際上，描繪出基本遺傳物質的結構也是 puzzle，所以華生和克里克的成就正在於他們解謎成功，只不過他們解的謎是億萬個謎題中極端重要的謎題之一。湯瑪斯·孔恩就在他的科學哲學名著《科學革命的結構》（ *The Structure of Scientific Revolutions* ）中，把大部分的科學研究活動歸納為「解謎」活動。同樣，為了與其他兩個詞彙相區分，我把 puzzle 用「謎題」來表示。

在剛才談到的太空望遠鏡問題裡，原本這個問題是模糊的，但是經由 TRIZ 中的矛盾分析法而變得清晰。「如何設計一款太空望遠鏡」是一個 question，「如何解決太空望遠鏡的口徑大小和運輸可行性的矛盾」就變成了一個 problem，而「如何借鑑折紙的方法，設計一款太空望遠鏡的可折疊結構」就進一步縮窄成讓折紙藝術家設計某個造型的任務了，成了一個不折不扣的 puzzle。

從 question 到 problem 再到 puzzle，意味著問題越來越明確，因此也越來越可能被真正地解決。而 TRIZ 告訴我們抓住問題中的主要矛盾，不要管其他次要、枝節的問題，正是

促成這種轉變的一個可操作的方法。

　　講到這裡，我們才可以理解為什麼阿奇舒勒說：「創造力就是正確表述問題的技能。」在這裡，「表述」這個詞是富有深意的，它不同於我們一般理解的「表述」，而是指洞穿表象，看到問題內部深層次的技術矛盾，或者說，看到相對立的約束條件，這是真正能夠解決問題的方法。歸根究柢，限制之中蘊藏著資訊。當你看到限制時，就有可能是在觸摸一個問題內在的矛盾，或者為這個矛盾打開了認識的窗戶。

　　我曾在一本書上讀到一位作家談寫作的祕訣。他說，寫作最關鍵的是讓自己寫下去，是堅持每天去寫，持續且不能中斷，即便有時候會枯坐在桌前，實在不知道寫什麼，也可以以「為什麼我今天寫不出來」為話題開始去寫，寫著寫著靈感就多了。這真是一個絕妙的主意，寫東西寫不出來明明是一個劣勢，卻反而成了一個寫作的素材，照此舉一反三，還有什麼事能難倒我們呢？

心智練習：你會寫詩嗎？ ————————————

請大家先欣賞一首我寫的詩，見笑了：

找師父

我問松樹下的小孩：

「你師父呢？」

小孩答：

「師父採藥去了。」

我又問小孩：

「去哪採藥了？」

「山裡面。」

「山的哪裡面？」

小孩又答：

「雲裡面。」

大家看了這首詩有沒有似曾相識的感覺？沒錯，這首詩是由一首著名的古詩改寫而來的：

尋隱者不遇【唐‧賈島】

松下問童子，言師採藥去。只在此山中，雲深不知處。

　　把古詩改寫成現代詩是讓新手練習寫詩的方法。雖然我寫的詩很一般，但至少透過這種方法，我寫出了一首詩了。想像一下，如果讓大家憑空創作一首詩，大部分人會有畏難情緒，大家會說：「我不知道從何寫起啊！我不知道寫什麼啊！我不知道是不是在無病呻吟啊，我肯定不是這塊料啊！」既然這樣，我們就從改寫開始。詩的主題、內容甚至情緒都已經有了，你只要變換一下表達方式就可以，是不是簡單了很多？你想不想試試？

　　請大家再讀一下這首著名的古詩：

黃鶴樓送孟浩然之廣陵【唐‧李白】

故人西辭黃鶴樓，煙花三月下揚州。
孤帆遠影碧空盡，唯見長江天際流。

　　可以怎麼改寫呢？下面是我的改寫：

老朋友

哦，我的老朋友

黃鶴樓一別

你已去了揚州

總是想起

你那孤單的小船

消失在長江

這藍天碧水中

人生啊，就如江水

一去就不回頭

而我們的友誼

會在這春天裡

永遠停留

　　在完全自由的情況下，寫一首詩對大多數人來說是很困難的，可是如果以一首古詩來改寫，在這種有很大限制的情況下，寫詩反倒變得容易了，是不是很神奇呢？

　　這裡我要特別強調一點，把古詩改寫成現代詩並不是翻譯，不同於把白話文翻譯成現代文。如果是翻譯，需要嚴格按照原詩的一字一句來寫，這樣一來我們自己的所思所想就

無法發揮，我們的「詩才」就無法培育。改寫是可以加入自己的發揮，比如在上面這首改寫中，原詩「煙花三月」是在第二句，而我卻是在最後一句點出了「春天裡」。如果是翻譯，絕對不能這樣任意換位置，但因為我是再創作，這樣任意移動是可以的。另外「人生啊就如江水，一去就不回頭」這句又是我額外添加的，如果是翻譯，每個人的譯文便大同小異；而改寫，只是把古詩作為創作的基底，會出現無數種不同的寫法，這才是有意思的地方。

現在請你按照這種方法來做古詩改寫練習，然後你會發現寫詩並沒有你想像的那麼難，人人皆可成詩人。在改寫之前，你可以先查資料，瞭解原詩的準確含義和創作背景，改寫時就可以遊刃有餘了。

改寫孟浩然〈宿建德江〉、韋應物〈賦得暮雨送李曹〉、王維〈過香積寺〉：

宿建德江【唐‧孟浩然】
移舟泊煙渚，日暮客愁新。
野曠天低樹，江清月近人。

賦得暮雨送李曹【唐·韋應物】

楚江微雨裏，建業暮鍾時。

漠漠帆來重，冥冥鳥去遲。

海門深不見，浦樹遠含滋。

相送情無限，沾襟比散絲。

過香積寺【唐·王維】

不知香積寺，數裏入雲峰。

古木無人徑，深山何處鐘。

泉聲咽危石，日色冷青松。

薄暮空潭曲，安禪製毒龍。

第五章
進化

洞悉變與不變的法則

在未來社會，人的適應能力
體現在他能否用不斷變換的
新方式來做好一件事

01

並不新奇的「新物種」

　　杭州第一次出現共享電動機車應該是在二〇一八年的上半年，我見到時並不覺得稀奇，而是想：「該來的終於來了。」按理說，人們接受新事物總有一個過程，可是共享電動機車卻很快被大家接受了，而且還挺搶手。話說，有一次我急著用車，掏出手機正準備掃 QR 碼，不知道從哪裡突然殺出一個人，「嘟」的一下就把我的車借走了，可見這個共享機車有多麼受歡迎。據我觀察，現在杭州路邊的共享電動機車數量已經超過了共享單車。

共享電動機車與共享單車

　　共享電動機車的出現沒有讓我感覺驚奇，因為我腦中早已為它預留了位置，就像桌子上的桌布、餐具已經鋪備整齊，就等好菜端上來了。為什麼會有這種感覺呢？共享電動機車雖然是一個「新物種」，但是它的「鄰近物種」我們早已不

陌生。我們可以把它當作是一個雜交的產物——看起來,共享電動機車就是共享單車的 2.0 版。

共享單車曾經紅過一陣子,當時創業者和投資人都滿懷信心,誓把城市鋪滿。無節制的投放既消耗了過多資金,也擾亂了城市秩序,終於讓人生厭。於是這件新事物還未被市場充分驗證,就被狂熱的資本催熟,直到腐壞。才兩年時間,曾喧囂一時的風口終歸沉寂。

如果從審視創新的角度來看,共享單車這項發明是非常精彩的。腳踏車原本是舊時代遺留的純機械構造簡易代步工具,竟然能與時下流行的 IT 技術相融合,老樹發出了新芽。相比傳統的腳踏車,一輛常見的共享單車增添的技術組件有:

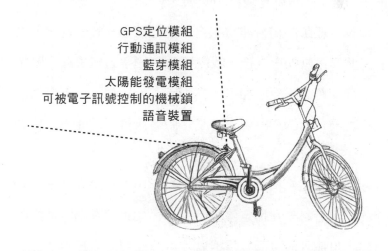

GPS定位模組
行動通訊模組
藍芽模組
太陽能發電模組
可被電子訊號控制的機械鎖
語音裝置

圖 5-1　共享單車的技術組件

　　當然這還遠遠不夠，共享單車不是一臺孤立設備，而是一個時刻運轉的大系統之中的元件。在這個系統中，除了「車端」設備之外，還有「雲端」和「手機端」的設備。「雲端」需要的是大資料處理、人工智慧等技術模組，「手機端」需要的是能與「雲端」和「車端」相互通信的 App 模組，這些模組要能順暢、高效、穩定地發揮作用，不是一件容易的事。

　　從這個角度講，共享單車這套系統就像一個大型燉鍋，裡面燉了很多食材，食材的添選若是恰到好處，相互配合得好，自然就會美味。以這鍋為基礎，再增加幾味新料，就成了共享電動機車，增加的「食材」有蓄電池、電機等，有些比較考究的廠商還會升級坐墊、裝上避震器，目的是提升整體的「口感」，也就是騎行的體驗。

　　這個升級版的組合非常適合我這類體力一般的群眾，自從有了共享電動機車之後，我就再也不願費力氣去踩腳踏車了，出行的費用雖然增加了一、兩元（人民幣），但是體驗完全不可同日而語。由儉入奢易，由奢入儉難，能少花些力氣，何樂而不為呢？

　　我對共享電動機車的好感還來自它更有秩序。共享電動機車的使用者必須在指定停車點還車，如果停在指定地點之外就要支付額外的金額，這樣就能減少亂停、亂放的現象，

城市的市容和秩序得以維持。何況每臺共享電動機車造價不菲，所以廠商不至於隨意投放，而更願意精耕細作，穩步占領市場，同時共享電動機車需要經常有人來更換電池，這意味著每輛車都有運轉與維護人員巡視，於是車輛被隨意丟棄、損壞的現象就比較少見了。

進化的真義

這麼說來，共享電動機車顯然就是共享單車的進化版本，它的使用體驗比共享單車更好，從商業價值上看也更有前景。但是設想一下，如果沒有共享單車在前，也不會有造價更高的共享電動機車出現了。共享單車出師未捷，但是還是在歷史上留下了一筆。

回看歷史，新發明曇花一現的例子數不勝數。能夠上市的已經算是其中的幸運兒，大部分僅止步於草圖或者實物原型的階段，在實驗室或者工作間裡就已經夭折了。而已上市產品中，能撐一、兩年的也是少數，大多數會因為無人問津而慘澹離場，銷聲匿跡，能被市場長期認可的只是極少一部分，在洗衣機、冰箱、冷氣、微波爐、電腦、印表機這些「成功者」的背後，是無數失敗的創新案例。

那麼共享電動機車會是笑到最後的發明嗎？還是說也只不過是發明史上的一個小插曲，過不了多久就會曲終人散呢？這個誰都無法預測。市場最終會決定它的生死，這並非僅靠邏輯分析就能推導得出來。

幾年前我因為工作需要申請了幾個發明專利，在查詢專利資料庫時偶然讀到一則專利，這則專利很簡單，不過是在鉛筆的一頭裝上了一個掏耳勺。在專利檔中，發明者說這件發明的價值是：「方便客戶在掏耳朵的時候，需要紀錄些事情時馬上就能夠用筆紀錄，不用再去找筆來紀錄，提高了客戶的辦事效率，既方便又快捷。」

這讓我看了覺得有趣又好笑，但換個角度看也算合理，因為一個發明專利能否申請成功，主要看其構思是否具有新穎性和實現可能，而實用性和市場接受度位居其次，所以掏耳勺鉛筆能申請到專利也就不足為奇了。所以很顯然，發明有沒有是一回事，發明有了以後有沒有用又是另一回事，兩個過程是相對獨立的，這就有點像生物世界中基因變異和環境選擇的關係。

人類社會就像一個生態系統，文化和科技都在不斷進化，直至今天，新事物的出現呈現指數型成長，只不過其中大多數可歸為「掏耳勺鉛筆」之類。文明的傳承就像生物的

遺傳，總是會有新的遺傳變異出現，但是這個變異是好是壞都有可能，只有透過環境的篩選才能確定。所以從很多角度來看，人類文明的演化和生物的演化之間具有很大的相似性。

「進化」這個詞對應的英文是 evolution，有學者認為這個單字翻譯成「演化」更貼切一些，因為「進化」一詞中「進」的字意，暗示這件事是有「進」、「退」之分的。但是，晚出現的物種就比早先的更「進」了嗎？也並不是。

物種與物種之間只是「不同」，而沒有高下之分。鳥類能看見紫外線，蝙蝠和海豚能發出超音波，而昆蟲的嗅覺遠比人類靈敏，既然各有所長，不同物種之間便不能簡單地比個高下。「高下」只是我們人類額外賦予的意義，就像大多數人認為「貓都是好貓，老鼠都是壞老鼠」，這裡的「好」與「壞」也是人所賦予的意義。就生物本身來說，無所謂好壞也無所謂高下，所以從道理上來說，「演化」的譯法更確切，不過由於「進化」這個詞已經約定俗成，所以我在書中會把「進化」和「演化」當作同義詞使用，不作嚴格的區分。

達爾文的《物種起源》（*On the Origin of Species*）出版於一八五九年，距今已經有一百六十三年。這麼多年過去了，真正理解進化論的人仍然是少數，很多人對進化論有或多或

少的誤解，或者自己有一套解讀。那麼進化論最核心的觀點是什麼呢？達爾文認為，物種的演變主要是基於這兩個過程：

第一步，物種的遺傳特性大致上是代代相承的，但是也可能出現少量變異，這種變異沒有傾向性和目的性，因而可以看成是「隨機」的。

第二步，同一物種下不同變異的個體在所處的環境中適應性有所不同，具有某些變異特徵的個體能更好地適應環境，因而能繁殖更多的後代。久而久之，它們這些特徵就作為優勢特徵被保留下來，而具有劣勢特徵的個體可能就會被淘汰，這個過程就是「物競天擇」。

其實「物競天擇」只是一種擬人化的表述且並不確切，因為「競」和「擇」好像是一種有智慧的行為，實際上是沒有的。在生物進化的過程中，不論是遺傳特性的變異還是對環境的不同適應，都是「無目的」的，也無須任何「智慧」的設計。這就是為什麼達爾文剛提出進化論時，對基督教產生了非常大的影響。因為在基督教的教義之下，這麼多形態各異的美妙生物都是由一個具有非凡「智慧」的神設計出來。而進化論則提出，不需要任何設計，所有的物種包括人類自己，都是按照一種簡單的適應原則，經過漫長的演變自下而上形成的。

　　人類文明的演化跟生物的演化也很類似，從宏觀上來說，它的確是自下而上發展的。比如我們現在使用的語言不論是中文還是外文，並不是幾千年前就已經設計完好的東西，而是在無數人使用的過程中，慢慢地演變才成了現在這個樣子，就如同沒有神一開始就創造了所有物種一樣。

　　技術發展史也說明了這一點，一項重大的發明往往會經歷幾十年到數百年的發展過程，比如說，飛機的發明並不能僅僅歸功於萊特兄弟，在他們之前像喬治‧凱萊、弗雷德里克‧馬略特、約翰‧蒙哥馬利以及更多的發明家，都為飛機的發明做出了切實的貢獻。

　　接著，任何文化產品誕生以後也存在一個是否「適應」的問題，也要經歷「物競天擇」，適應環境的被留了下來，不適應環境的被淘汰。只不過這裡的「環境」主要指的是社會環境，而不是自然環境。比如一個思想家提出了某種思想，能不能被大眾所接受跟當時時代的狀況密切相關；一個新的產品類型能不能被大眾所使用，又是市場選擇的結果。

　　經濟學家認為，市場是一隻「無形的手」，投放於市場的技術產品也會被這隻「無形的手」所操控。「無形的手」並不來自任何人或者神的智慧，而是一種自動的機制，英國知名經濟學家海耶克更是把「知識」的作用也納入了市場中

進行考量。他認為只有在充分的自由市場環境下，分散在各處的知識才能被最有效地利用，而人為地進行「自上而下」的設計則很可能會失敗。

從這個思考模式去想，共享單車的由盛而衰也就好理解了，也許主要的原因並非主事者的失誤，而只是市場自己的「選擇」罷了。

創新適應市場的兩個阻力

消費心理學家傑狄士‧謝斯（Jagdish Sheth）曾分析過創新產品在市場上遇到的阻力因素，他認為消費者現有的行為習慣（habit towards an existing practice or behavior）和對新產品感受到的風險（perceived risks associated with innovation adoption）是最主要的兩個因素。

一、習慣阻力

我如果願意使用一個新型產品，那麼原來的習慣顯然會形成阻力，因為我不想要改變。假設現在市場上推出一款新型洗衣機，我很可能不會購買，因為我覺得現在自己家裡的洗衣機已經夠好了，為什麼還要換呢？雖然新產品有這樣

和那樣的賣點，但是這些賣點還沒有強大到足夠改變我現有的習慣。同樣的，你看現在的電視機也是這樣，當你已經擁有一臺又大又薄的電視以後，你去更換新電視的動力是不足的，儘管新型的電視機還在層出不窮地出現。類似的，現在的智慧手機市場也漸漸面臨著家電市場這樣的問題。

二、創新阻力

　　創新阻力即是對新產品感受到的風險，感受到的風險有可能是真實的風險，也可能是非真實的風險。比如現在仍然有很多人對微波爐很警惕，他們擔心微波爐的「輻射」會影響人的健康，或者擔心微波爐會把食物中的營養物質全部「殺掉」，這種風險感阻礙了微波爐的普及率。面對一個全新的產品，我們很可能會先保持警惕，我們要確認這個產品是足夠安全才會願意使用，這就是為什麼「從眾」是一種普遍的心理，如果很多人都已經在用了也沒出什麼事，那麼至少說明它是比較安全的（當然客觀來講也不一定，可能存在著長期的不良影響）。我騎過三個品牌的共用電動車，它們有一個共同設定，就是速度限制在時速二十公里以內，我想這就是從安全的角度來考慮，也算是給使用者的一個保護。

　　對於物種來說，決定其繁盛與否的是自然環境，而對於

產品來說，選擇它的是用戶和消費者。所以一個新產品要想在激烈的市場競爭中倖存，僅僅是更新穎、功能提升以及增加了一、兩個賣點是遠遠不夠了，它必須能夠經受消費者現有習慣和感知風險這兩者的考驗。換句話說，在一個產品的設計和創造之初，就要把這兩個因素考慮進去，成功的機率才可能更高。

練　習

在家電產業，Dyson 是一個另類，它成功激起消費者更換舊產品的欲望，雖然價格不菲，但銷量可觀。試著研究一款 Dyson 的產品，從使用者習慣和感知風險等角度分析它之所以能在市場上成功的原因。

02

文明演進，知來藏往

　　前面我們討論了文明的演進和生物的演化之間存在著很大的相似性，但是兩者之間的區別還是很明顯。當我們用進化論去理解人類文明時，還是要明確知道這只不過是一種類比，並不能完全照搬進化論去理解人類社會的發展。

文明的演進，並不是隨機產生的

　　文明演進和生物演化的第一個區別是，生物的變異是「隨機」的，不是「設計」出來的，但是文化產物卻是由人的智慧所創造的。就拿發明來說，每一個發明都是經由人為「設計」而不是自然而然形成的。人創造一種新技術或者發明一種新東西，往往是為了解決現實中的某個麻煩，是在明確的目的之下有針對性地解決問題。人類智慧之偉大，無數的奇思妙想就體現在了這樣的過程中；而遺傳的變異是無目的的，是近乎隨機發生的，所以兩者相比，文明的發展效率

更高，反覆運算更快，更有針對性，這是文明發展不同於生物演化的地方。

　　從這兩個層面去看人類文明，從宏觀上看，文明的發展能用達爾文的進化論去類比，因為文化產物的命運取決於環境（市場）的「篩選」；從微觀上看，文化產物來自有目的的設計，與生物的演化是不同的。有些人沒有看到這種區別，以為我們每個個體也應該秉承「無為而治」的自然之道，不求不爭，遇到困難不主動地去尋求解決方案，實際上是搞錯了理論適用的層次和尺度。

文化中的組合沒有「生殖隔離」

　　文明演進和生物演化的第二個區別是，技術演化沒有「生殖隔離」，而是可以遠距離地「遷移」、大範圍地「雜交」。什麼是「生殖隔離」？簡單說，兩個不同的物種之間無法生育後代，哪怕這兩個物種是「親戚」關係。正是由於生殖隔離的存在，同一個物種的遺傳資訊能夠穩定地傳承下去，而變異只是其間的小插曲。因而任何一個物種的演化都是非常緩慢的，有些物種緩慢到歷經億年而「容顏不改」，比如蜻蜓、蜥蜴、鱟等等。

　　但文化的演變就不是這樣了，思想跟思想之間可以交會，不同的語言之間可以相互影響，不同的知識領域可以相互啟發，技術與技術可以相互組合，並沒有什麼天然的界限與隔閡。知識和思想傳播起來更像「流感病毒」，一個人打了噴嚏，就可能把周圍的人感染。在今天這個全球化的時代，這種跨越和融合的趨勢就變得更加明顯。如果要用一個詞來概括的話，我把這種沒有生殖隔離的文明演進模式稱為「組合進化」。

　　「組合」這個議題我們之前已經詳細討論過。在這裡，我們來看待「組合」需要再加上一個時間的視角——一個時間軸。當我們解決單一問題時，我們也許只要創造出一種組合就可以，但是在時間視角之下，我們發現有些事物會經歷一連串連綿不斷的組合操作，新的模組不斷地加進來，也會有舊的模組被棄用，這樣分分合合的過程可能是一種比生物演化更加高效的「進化」。

　　在自然界，物種的演變是呈現樹形的變化，不斷有新的物種出現，就如同樹枝上伸出新的分杈，由於生殖隔離的存在，分出的枝杈之間不可能再聯結。但是人類文明的演進就不是樹形的，因為分杈和分杈之間可能再度聯結，形成類似格子狀的結構。

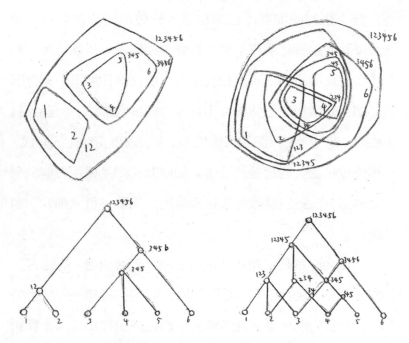

圖 5-2　格子狀結構與樹形結構

　　著名的城市規劃學家克里斯托佛·亞歷山大（Christopher Alexander）於一九六五年發表了一篇著名的論文〈城市不是一棵樹〉（A City is Not a Tree），從城市規劃的角度分析了兩種結構的不同。他說，人擅長處理的邏輯問題就是樹形結構，而城市的衍生卻不遵從樹形結構，而是呈現「半格子狀」的結構，也就是說部分是樹形的，還有部分是網狀的、交錯式的。

用「半格子圖」的方式，我們可以描繪出人造產品的進化軌跡。我試著簡單畫了共享電動機車的進化軌跡，發現它正好符合一個格子的形狀，而不是樹狀結構。

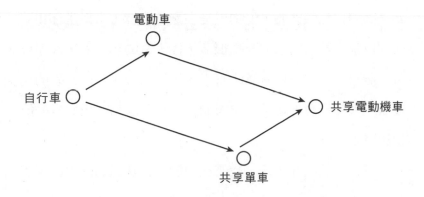

圖 5-3　共享電動機車的進化軌跡

練　習

選取生活中熟悉的一項人造產品，並畫出進化路線圖。如果資訊不足可以在網路上搜尋資料，或者查找相關書目。

文明的演進自有其方向

文明演進和生物演化的第三個區別是，生物的演化是沒有方向的，而文明的演進有方向。生物的演化沒有方向是因為基因變異是隨機的，生物只是在適應環境，求得生存和繁衍。但是人類的追求則要高很多，從人文的角度看，人類社會在曲折地追求著更廣泛的自由、平等和公正；從科學的角度看，人類社會不斷增長技術能力，從而能夠使用更多的能源和資訊。

與古代的人類相比，我們利用能源和資訊的能力出現了飛躍式的進步，這促成了人類社會進入高效率時代。蘇黎世聯邦理工學院的能源學家丹尼爾・斯普倫（Daniel Spreng）提出，在各類產業模式中，能量、資訊和時間三要素存在著相互代償的關係，比如生產農產品是非常耗費時間的，但額外需要的能量和資訊也很少；而生產化工產品耗費的時間不長，但是對能量的需求則比較高。

假設在一種極端情況下，做某件事時可調用的資訊和能量都很多，那麼完成這件事的時間會非常短；再假設一種極端情況，做某件事如果允許的時間是無限長的，那麼即便能量和資訊不足也沒有關係，我可以透過長期的反復試錯來不

斷逼近成功，愚公移山就是一個時間無限長而能量和資訊匱
乏的故事；如果我掌握的資訊非常多，甚至接近於「全知全
能」，那麼我需要的能量和時間就可以非常少。斯普倫把這
三者的代償關係用一個三角形來表示，我把它簡稱為「斯普
倫三角」。

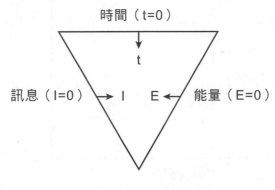

圖 5-4　斯普倫三角

　　為了讓大家對「斯普倫三角」有更直接的瞭解，我用一
個生活中的小例子來解釋。假設現在我家裡有一臺掃地機器
人，並且想讓它幫我清掃一間二十平方公尺的房間，而這間
房間主要是在 A、B、C、D、E 五個小區域裡有垃圾，請問
什麼樣的清掃方式是最好的呢？

　　按照現在主流的掃地機器人工作方式，它的清掃方式是
按照某種規則去執行的，也就是說它的移動軌跡會覆蓋房間
中的所有地面。而在房間中只有 A、B、C、D、E 五個小區

域有垃圾的情況下，這種清掃方式顯然既浪費了時間也浪費
了能源，更好的方式當然是定點清掃五個小區域，而不清掃
其他地方。

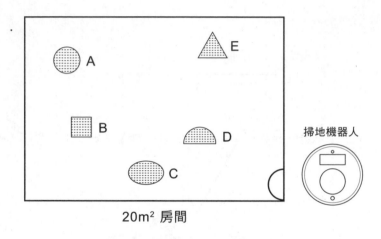

20m² 房間

圖 5-5　掃地機器人的清掃區域

　　現在的掃地機器人做不到，是因為它缺少有關地面垃圾
分布的資訊，或者說它沒有能力獲取這樣的資訊，正是因為
資訊的不足導致它耗費了額外的能量和時間。

　　再假設，十年後有一個新款機器人，能在清掃之前自動
掃描地面的垃圾分布情況，繪製出垃圾分布地圖並計算出最
短行進路線，那就意味著，當資訊變得充分時，掃地機器人

可以更節能也更快地完成任務，資訊和能量、時間發生了代價效應。

再次假設，如果新款掃地機器人的移動速度、吸力等各項指標都提升了幾倍，也就是說能量消耗顯著增加以後，完成清掃任務的時間又會進一步縮短，說明能量和時間也由此發生了代價效應。

透過這個例子，我們應該能理解「斯普倫三角」的含義了。可以說，「斯普倫三角」對描繪宏觀經濟或者微觀行為都具有普遍的一致性。

用「斯普倫三角」來看人類社會的變遷，幾萬年前的原始人他們瞭解到的資訊非常少，能掌控的能量也非常少，但他們的優勢是時間很充裕，可以透過實踐逐步改良自己的工具，製作出更好的石器。生活在今天的現代人正好相反，我們透過網際網路可以接觸大量的資訊，同時我們也可以輕鬆地使用電、石油等各種能源，因此完成一件事情所需的時間就不斷地縮短，但由於時間緊迫，我們變得沒有耐心來慢慢琢磨一件事物。

用「斯普倫三角」來分析共享電動機車的進化路線圖也會帶來新的認識。從腳踏車到電動車是增加了能量的使用，而從腳踏車到共用單車則是增加了資訊的使用，GPS、行動

通訊等模組賦予腳踏車資訊，那麼共享電動機車既是增加了
能量又增加了資訊。順理成章，三公里以內的出行，使用共
享電動機車便成了最節約時間的方案。

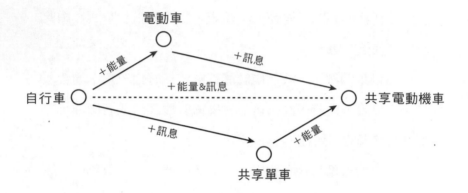

圖 5-6   共享電動機車的進化路線圖

練　習

1. 繪製一種科技產品的進化路線圖，並用「斯普倫三
   角」進行分析。
2. 列舉自己目前常執行的一項任務，並嘗試從增加能
   量和增加資訊兩方面來改善完成任務的效率。

03

進化給我們的啟示

在真正理解生物演化和文明演進的特點之後，我們便可以好好思考自己，在這樣的大背景之下，怎樣的個人行動（不論是學習還是工作）是更合理的呢？我歸納了下面這幾點，並依次解釋：

1. 不必一味追逐新事物。
2. 僅瞭解「底層原理」是不夠的。
3. 掌握再現真實世界的「語言」。
4. 力求精準。
5. 尋找自己的「生態區位」。

不必一味追逐新事物

在這個時代，追逐新事物成了我們生活的常態。每天都會有新的網路用語一夜之間紅遍世界，每隔一段時間都會冒出新的網紅食品吸引吃貨們蜂擁而至，爆紅的 App 也會接二

連三地出現。但是,不論是網路用語「skr」、網紅食品「髒髒包」,還是熱門應用程式「旅行青蛙」,在火爆一陣之後都會遭遇迅速冷卻的尷尬,因為人們又轉而追逐更新的東西去了,而這其中最讓人感嘆的是「區塊鏈」在二〇一八年的大起大落。

比特幣、乙太坊等虛擬貨幣在二〇一八年一月達到令人瞠目結舌的漲幅,從而激發無數人一夜暴富的妄念,「區塊鏈」也一度取代「房價」成了人們茶餘飯後最流行的話題。在這些拿出真金白銀來買幣的人中,很多人可能連相關的基本概念都不瞭解,甚至也沒有任何投資的經驗。結果沒多久,一眾虛擬貨幣開始迅速下跌,到二〇一八年年底,很多山寨幣累計跌幅甚至達到了百分之九十五以上,無數人血本無歸。

我有一個年輕朋友當初也興致勃勃地拿錢出來買幣,我問他:「你本身錢也不多,為什麼要做這麼高風險的投資呢?」他自信滿滿地回答我說:「沒關係,就當作在瞭解新鮮事物。」聽到這樣的話我不知道該怎麼說。新事物就一定要去瞭解嗎?追逐新事物一定有價值嗎?或者說新事物就一定是好的嗎?

二〇一八年,美國一家名叫 Theranos 的血液檢測公司

宣布解散。幾年前，這家公司聲稱發明了一種醫學技術，僅憑一滴血就能快速完成兩百多項檢測項目，因而吸引了媒體的大量關注和數十億美元的投資，連很多富豪和政要都為其背書。但是後來人們才發現，這只不過是一個利慾薰心的創業者——「女版賈伯斯」伊莉莎白・霍姆斯（Elizabeth Holmes）自導自演的一齣騙局。可是為什麼這麼多美國人會對她一度深信不疑呢？深究起來，除了其人騙術高明之外，還是要歸咎於現代人對新事物的迷狂，而學習進化論恰恰能讓我們反思這樣的心態。

　　按照進化論，在物種漫長的演化過程中，出現遺傳資訊的變異再正常不過了，也就是說一個物種總是會有新的特徵出現，但是這些新的特徵並不一定就是一種「優勢特徵」，它們還需要接受環境的檢驗，只有通過檢驗的新特徵才會保留下來，而這個檢驗的過程又不是一蹴可幾的。

　　同理，當下社會的新事物也是這樣。新東西很多，但是它們的「新」並不意味著它們就比舊的東西更好、更高級、更優質，在接受市場的充分檢驗之前，沒有任何證據證明這一點，也許過不了多久它們就銷聲匿跡了。相比之下，那些歷經考驗的老東西反倒有其難以撼動的優勢。就像我在前文討論過的鉛筆、筷具等等，雖然沒什麼高科技，但卻是實實

在在的好東西；相反，很多新技術可謂雷聲大、雨點小，徘徊多年後仍可能因為缺乏應用場景（也就是未與「環境」相適應）而未能「飛入尋常百姓家」。

所以，進化論再加上理性的思考，是我們對付「新事物狂熱症」的一針清醒劑。

僅僅瞭解「底層原理」是不夠的

如果從物理學的角度去看待一輛腳踏車，那麼腳踏車不過是一種利用人的生物能，經由一連串的槓桿原理以驅動兩個輪子前進的裝置，所以腳踏車的「底層原理」中，主要是利用了槓桿原理。可是運用了槓桿原理的機器實在太多了，知道槓桿原理不等於理解了腳踏車構造，前者是簡明而深刻的抽象規律，後者是精巧而可見的具體設備，兩者對學習者的認知挑戰顯然不能畫上等號。

對於一輛腳踏車來說，槓桿原理運用只是其中的要素之一，遠遠不能代表全部。腳踏車之所以是腳踏車，是它的一整套結構（包括各個零件的組合）所確定出來的。固然，我們可以從腳踏車這個完成品去回溯，找出它的主要原理是槓桿原理，但是我們不能反過來從槓桿原理「推導」出腳踏車。

　　科學理論是萬事萬物運行的規則解釋，但是規則跟在其規則之下發生的事件又是兩回事。達爾文的進化論是生物演變的一套規則，在這套規則之下，誕生了如此種類繁多的生物，光是甲蟲就占了幾萬個物種。可是千萬別搞錯了，這些物種是在漫長的歷史中逐漸形成的，而不是說只要有進化論的規則，就能夠「設計」或者「推導」出這些物種。打個可能不恰當的比方，儘管足球比賽的規則大致就這麼一種，但是每一場足球比賽都是不同的，因為在同一規則之下會發生不同的事件。

　　演化本質上是一種歷史，歷史是無數個事件的次序疊加，因而無法簡化成簡單的原理。如果可以穿越時空回到過去，那麼讓歷史中任一個小事件發生改變，都可能造成歷史的重新分岔，文明的發展演變也是這樣。

　　任何一件新事物的出現，都離不開創造者的「巧思」，甚至要經過好幾代人的接力工作後才能成型，而不是隨隨便便什麼人根據底層原理就能「推導」出來。從一個現實事物出發去思考它的底層原理是可行的，但原理只是適用於事後的歸納和解釋，而要單純從底層原理出發去構建或者創造一個東西是遠遠不夠的。

　　以此來推論，理論知識和實踐智慧缺一不可。比如說，

一個現代人必須懂一點物理學，同樣的他也需要對基本的機械有所瞭解，最好他還能動手做一些東西，比如修理腳踏車。沒有比親手修理腳踏車更快弄懂腳踏車的方法了，現實世界中的問題就像膠水，幫助我們把理論和實踐黏在一起，形成更具操作性的認知模組。

傳統的教育中，重理論、輕實踐是一種「共識」。我們以為實踐知識是次一等的知識，透過理論加以推導，就能自然而然地知道如何在實踐中應用。這導致了我們在實際操作中的歷練，不論時間和機會還是難度和多樣性都是不足的。很多人大學畢業後總感覺學校裡的知識不知怎麼應用，原因就在這裡。在實踐中學習，並不會忽略掉理論知識，相反，它更是對理論知識的強化。因為只有在實踐中，理論才是鮮活的，理論的力量才能被真正展示出來，這種展示是任何一場書面考試所不能企及的。

練　習

在我們的生活和工作中，總會遇到一些不方便和惱人之處，把這些痛點記錄下來，並構想出至少一個可行的方案來解決其中某一個痛點，然後申請專利。

掌握表達現實世界的「語言」

生物的遺傳資訊皆記錄在 DNA 的核苷酸序列上，DNA 就是生物資訊的密碼本。我們所能見到的任何一種生物，不論它具有什麼樣的外在特徵，都是被 DNA 這一看不見的微觀結構所決定的。DNA 的組成非常簡單，只不過是四種帶有不同鹼基的核苷酸，也就是說，四種不同的資訊單元透過反復的排列組合，構成了生物資訊的編碼。

我們還可以這樣看，DNA 及其背後的編碼規則本質上是一個表達生物特徵的編碼系統，這個編碼系統不僅能完美地表達生物極為多樣的特徵，而且具有強大的可塑性，既穩定又開放。想像一下，如果沒有這樣的編碼系統，那麼地球上大約一千多萬個物種是怎麼被創造出來的呢？難道是一個一個單獨地去設計嗎？這就變成了一個不可能的任務。

創造生物需要 DNA 這樣的編碼系統，這是大自然的鬼斧神工。那麼在人類的文明之中，其實也有為數不少的強大的編碼系統，比如我們平時所使用的自然語言，不論是中文還是外文，本質上也都是編碼系統。

自然語言能夠再現具體的事物，也能表達抽象的含義，這便為人的思考創造了前提條件。語言是思考的基石，想像

一下，如果我們不知道「信任」這個詞語，那麼我們該怎樣思考有關「信任」的議題呢？其實就沒辦法思考了。這也就是為什麼人類學家認為，我們智人這一物種之所以是僅有發展出智慧文明的物種，關鍵原因就在於我們在進化的過程中創造了語言，是語言讓我們最終從所有的物種中脫穎而出。而當語言被創造出來以後，它便能自我進化了。

什麼意思呢？語言的進化是脫離人類 DNA 的演化的，它能自行獨立變化和擴展，因而它比生物的演化更快、更迅速。不斷有新的詞彙誕生於大眾的日常使用之中，同時小說家、詩人等也在有意識地創造出新的表達方式，這些都讓語言得到極大的豐富性，又反過來推動人的大腦去思考更複雜、更深邃的東西。

但是自然語言所能表達的世界也並不是一個完整的世界，在表達一些抽象關係時，自然語言便捉襟見肘了，於是數學家創造了數學符號，也就是透過一套數學語言來表達數學世界中的抽象關係。當一個孩子剛剛開始接觸「代數」，發現可以用「代數」的方式來解「算術」題時，會覺得那些算術題變得容易許多，這本質上也是因為工作記憶。因為在代數中，X、Y 等字母被借來代指未知變數，這個簡單的符號化操作使得工作記憶無須「暫存」不確定的資訊，這些資

訊在代數方程式中被外部儲存了。

　　所以符號系統堪稱人的「外腦」，是思維得以成百上千倍延展的槓桿。我們的工作記憶有多麼貧弱，符號系統就有多麼神奇的威力。數學是符號系統，我們書寫的文字也是符號系統，化學分子式是符號系統，五線譜是符號系統，建築設計圖是符號系統，程式設計語言也是符號系統……符號系統中每一處符號間的組合都是思維的外化[8]和凝結，人可以透過解碼過程再次啟動，通通放在工作記憶的「池子」裡。

　　在幾乎所有的領域，符號的發明和使用都大幅拓展了人思考的邊界，提升了思考效率，也讓新的靈感成百上千倍地出現。一個尚沒有建立符號系統的領域往往是原始和粗糙的，而一個沒有掌握符號系統的個體也無法勝任稍微複雜一點的工作。在面對專業領域的符號系統時，人的本能是畏懼和逃避，比如很多人一看到數學公式就頭疼，也有科普作者為了照顧讀者的這種心理，在作品中省略所有的公式。

　　但是公式本身所蘊含的簡潔性、精確性和美感，在表達特定的數量關係時，是日常語言所無法媲美的。用日常語言囉唆半天才能解釋的東西，卻可以用一行公式來表達，何樂

---

8 外化：意指將某物放到原始邊界之外。

而不為呢？比如費馬大定理、歐拉恆等式、質能等價等，就極為簡單又非常具有美感。

所以，一個人不應該害怕符號系統，而是應該擁抱它。掌握一種「語言」，意味著能夠超越自己的生物性，讓自己在新的系統裡高速進化。當然沒有一種語言能表達這個世界的全部面貌，就像 DNA 表達的只是生物的構造資訊，但是記憶就無法透過 DNA 儲存了，所以每一種語言所能表達的世界都是偏頗的，各有側重。對我們每個普通人來說，有兩個策略就非常重要：

1. 在資源投入相近的情況下，首選當前社會中更重要、更普遍適用的語言

比如，中國人為什麼把英語作為首選外語來學習，因為這個世界流通最廣的語言是英語，若是要付出同樣的努力來掌握兩門外語，一定是首選英語得到的資訊收益最大。但是很多人學了很多年的英語，沒學好就放棄了，或者因為平時工作用得不多就漸漸生疏了，其實是很可惜的。

再比如，掌握一門程式語言對於現代人來說變得越來越重要，因為今天的地球就是運行在程式的世界之上。一百年前，地球上還沒有任何代碼，而在今天，你做的絕大多數事

情都跟代碼有關，這個變化的速度是非常驚人的。在可見的未來，程式語言一定會變得愈加重要，這就是為什麼這二十年來程式師一直是處於供不應求的狀態。

所以，一個人要想自己變得更被這個世界所需要，先掌握一門重要的、普遍適用的語言就是首選策略。

2. 在可能的情況下，盡量掌握兩門以上的語言

從履歷看，丹尼爾·康納曼是一位典型的心理學家，他獲得的是心理學博士學位，也長期在心理學系任教，連他的夫人都是一位傑出的心理學家，而他竟然獲得了二〇〇二年的諾貝爾經濟學獎，站在了成就最為卓越的經濟學家之列。憑藉的是什麼呢？

簡單來講，康納曼憑藉的是他掌握了心理學和經濟學兩個學科的「範式語言」。心理學是把行為實驗的方法作為基本研究手段，而經濟學的研究中則充斥著令人眼花繚亂的數學公式，而康納曼把兩者做了完美的結合。

要注意，他不是簡單地把兩個學科的知識融合起來，而是進行了方法上的嫁接，把心理學中信手拈來的實驗方法運用到了經濟學研究之中：先設計實驗，然後基於實驗研究的資料構建出數學模型，這便拓展了經濟學研究的「範式語

言」。在這個基礎上，康納曼獲得重大的理論發現也是順理成章之事。與康納曼同時獲獎的另一位經濟學家弗農‧史密斯也是一位用實驗方法研究經濟學的先驅，雖然兩人具體的研究課題不同，但是能同時獲獎，說明諾貝爾獎委員會特別看重他們在方法創新上的貢獻。

由此，我們似乎可以得出這樣的結論：創造一個新事物並不稀奇，稀奇的是創造或者拓展一套能創造新事物的「語言」。有了這樣的一套「語言」以後，去做具體創造就變成了自然而然的事情，而掌握兩門不同的語言，再將兩者進行嫁接和組合，便是一條可行的路徑。

力求資訊傳達精確

長久以來，人們沒有搞清楚一個基本的遺傳問題：一個新出生的小孩是女孩還是男孩，似乎沒有任何規律可循，沒有人能事先「設定」好新生兒的性別。但是為什麼從總體來看，新生兒的男女比例一直是1:1呢？不管人口增加到多少，這個比例似乎一直不會變？背後的原因是什麼？也就是說，為什麼在個體層面是隨機的一件事情，到了總體層面卻是異常穩定呢？這個答案直到人們發現了X、Y兩種染色體才得

以理解清楚。大自然賦予我們的遺傳機制是如此神奇,用一套精巧的機制保證了兩種性別的平衡。

實際上 DNA 就是這樣一套能精確複製的編碼系統。一個人的軀體大約有十五萬億個細胞,而每一個細胞中都有一套完整並且相同的 DNA 編碼。這套編碼由二十三對染色體組成,也就是四十六條 DNA 染色體,這些染色體總共包含了三十億個鹼基對,相當於 3GB 的資訊。而 RNA(核糖核酸)能複製某一段 DNA,RNA 上的鹼基排列與被複製的 DNA 相一致,而 RNA 又可以指揮氨基酸合成各式各樣的蛋白質,人體中有十多萬種蛋白質,而編碼蛋白質的基因大約有兩萬個。從 DNA 到 RNA 再到蛋白質,這個複製過程相當精確而穩定,差錯率只有十億分之一,可見有多麼神奇。

即使到了今天,科學家也未能完全破譯人類的 DNA。雖然 DNA 定序的技術已經相當成熟,但是定序不等於讀懂,要想完全明白這些鹼基序列到底意味著什麼,明白基因編碼出的蛋白質是以什麼樣的複雜方式來完成各種生理行為的,還有很長的路要走。

地球生物的這套神奇遺傳機制,對於我們現代人如何精確地思考和行動是一種教科書級的示範。現代社會是一個圍繞「績效」(performance)運轉的社會,學校裡拚的是學生

的成績，公司裡比的是員工的業績，乃至官員也要努力創造政績，而每個人的「績效」又是他思考和行動的結果。

　　一個人是否能獲得高績效，在大部分情景下，取決於他是否能穩定地發展指定活動以及精確地實現目標，在現代社會，想法模糊、表達含混、行動凌亂便是低績效的表現。而精確性和創造性也並不矛盾，創造需要建立在對現實事物精確地描摹和表達的基礎上，建立在精確地執行創造活動的基礎上。

　　DNA 這套編碼系統，在資訊的精確以及穩定傳達方面是不折不扣的典範。那麼生物學上的這一發現對人類社會有什麼樣的啟示呢？人之所以能組建成社會，有賴於人與人之間的溝通，但是溝通最大的問題就是資訊傳達不精確。我們所使用的日常語言跟 DNA 的「語言」相比顯得相當隨意和模糊，同樣的一個詞說出來，說者對它的理解跟聽者的理解常常差別迥異。所以一場對話下來，常常充滿了「誤讀」，很多人與人之間的矛盾也由此產生。

　　但是相對來講，兩個文化程度相近、知識背景相似的人之間，更容易達成有效溝通，這是因為這兩個人的語言背後有著相似意義的編碼系統。編碼系統相同或者相似，當然就能夠比較精確地傳達資訊，如果編碼系統不同，那就是雞同

鴨講、對牛彈琴了。

　　如果這樣來推論的話，一對情侶或夫妻之間，如果知識背景相差很多，那麼交往時間長了以後，難免就會出現一些溝通上的問題。這些問題如果處理得好那還好，如果處理得不好就有可能造成無法彌補的裂痕。所以有人說，情侶之間「成長要同步」，如果其中一個人成長得很快，另一個人停滯不前，那麼感情就難以穩定，從編碼系統的配對上來看，這種觀點還是有道理的。

　　然而，在人類社會，資訊傳達不僅發生在人與人之間，還發生在物與人之間。如何讓物把資訊更好地傳達給人，這就是核心的「設計」的問題。在商業社會，一個品牌需要傳遞穩定的品牌形象，這就需要同一品牌的產品在形象上具有充分相似性，就像來自同一個家族一樣，有著共同的血緣。那麼怎樣塑造這種相似性呢？最好的方式當然就是樹立這個品牌的「形象基因」，這套基因就是品牌形象的編碼系統，它在暗處發揮作用，決定了外在的表達。

　　請大家看看下面這兩張圖，下圖的名字叫「馬伯網格（Marber Grid）」：

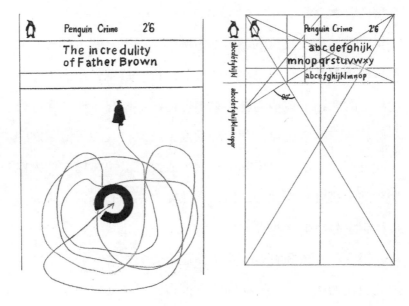

圖 **5-7**　馬伯網格

　　二十世紀五、六十年代，著名的企鵝出版公司推出了一套綠封面的偵探小說。這套小說的封面風格整齊劃一，現代簡約，讓人印象深刻，一下子為企鵝公司樹立了非常好的口碑。仔細看這些綠皮書封，文字與圖像的編排秩序井然，似乎有一種「說不出」的和諧美感。那麼這樣的封面是怎麼設計出來的呢？這要歸功於企鵝公司當時新請來的設計師羅梅克·馬伯（Romek Marber），他設計出了「馬伯網格」，一舉把企鵝公司的封面設計推上了新的高度。

　　「馬伯網格」並不是信手拈來，而是基於黃金比例（長寬比），加上嚴謹的分割方法設計出來的，它的前四個步驟是這樣的：

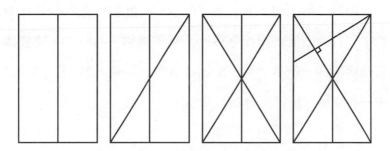

圖 5-8　馬伯網格依據黃金比例分割

　　餘下的我們可以自己來完成：

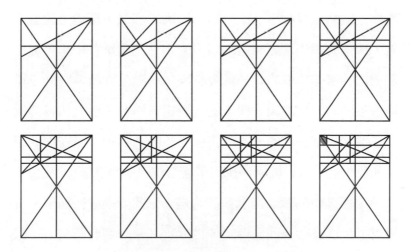

圖 5-9　馬伯網格分割步驟圖

　　網格系統我們之前介紹過，它是隱藏在表面設計之下的一套規範體系。比較「馬伯網格」本身和用它設計出來的封面，我們那「說不出來」的和諧美感終於找到了來由，這是一個類似「基因型和表現型」的故事。此後的企鵝公司出版物中，有數不清的封面是基於「馬伯網格」設計的，它們儘管題材不同、風格各異，但是卻實現了精確的統一，讀者只要一看到這一風格的封面就想到了「企鵝出品」。

尋找自己的社會「生態區位」

　　生態區位（ecological niche）是現代進化論中的一個重要概念，白話來說就是一種生物所適應的那個小環境。籠統來看，進化論講的是更能適應環境的生物能夠留存下來，但是從細緻的層面來看的話，就會發現每一種生物所適應的小環境是不同的。比如說一棵大樹，樹根、樹幹、樹冠所營造的棲息環境是不一樣的，所以才會有不同的動物習慣在樹的不同部位生活，每種動物都找到了適合自己的生態區位。

　　生態區位的概念提示我們的是，只要能適應一種環境就可以了。沒有必要面面俱到，也沒有必要去迎合所有人，找到適合你自己的就可以。但另一方面，它也提示我們換位思

考的重要性。在商業世界裡，你必須去滿足特定的外部需求，要去思考別人需要什麼，而不只是自己需要什麼。自己滿足自己，不是適應；能給別人帶來價值，才是你的價值。就像我寫書的時候，我經常反反復復思考的一個問題是：我寫這段話，我的讀者會不會有所啟發，能不能讓他們覺得有用。如果我只是順從自己的想法去寫，自己寫爽了就可以，那這本書是沒有人看的。沒有人看的書，即便寫得再好，也無法發揮價值。

　　所以既然人是社會中的一分子，他為了生存也好，為了發展也好，為了實現自己的價值也好，必須換位思考，站在其他人的立場上去想自己能不能滿足一部分人的需求。如果你的才能正好跟一部分人的需求是相互配合的，那麼你就找到了自己的生態區位。

　　生物的演化遠遠慢於文化的演進，而文化的演進又遠遠慢於技術的進步。在現代社會，變化最快的東西就是技術。技術的更替會帶來新興的產業甚至改變舊的經濟結構，這些變化都會帶來新的職業機會。在產業初期，高水準的人才一定是嚴重供不應求的，如果你的嗅覺比較敏銳，學習新事物的能力又比較強，就可能抓住這樣的機會，在新的生態區位中占山為王。

　　當然總有一天，新技術也會變成舊技術，人才匱乏的行業也可能會逐漸飽和，唯一不變的是變化本身。因而對於我們每個人來說，能夠讓我們立於不敗之地的應該是適應新變化的能力。從原始社會、農耕社會到工業社會，人的適應能力體現在他能否用一種方式做好一件事。而在未來社會，人的適應能力體現在他能否用不斷變換的新方式來做好一件事。

　　正如生物進化的背後是 DNA 的繼承和變異，理解生物進化本質上是理解這種變與不變的關係。同樣在現代社會，理解什麼在變、什麼沒有改變，也是我們每個人需要想清楚的基本課題。

心智練習：思考五十年後的醫療 ─────────

在科學技術高度發達的今天，我們的醫療水準還不盡如人意，尚有許多疾病缺少治癒的辦法。醫學界有一句名言：「有時去治癒，常常去幫助，總是去安慰」，從側面反映了這種現實。

有時候我會想，再過五十年，人類的醫療水準會達到什麼程度呢？現在種種讓人束手無策的疾病是不是到那時就可以輕鬆搞定了呢？這當然是一個美好的期望，樂觀主義者會覺得很可能實現，悲觀主義者會有很多懷疑。那麼不如我們來思考一下，如果要實現，可以怎樣去實現吧。

現在一些正在發展中的前沿技術，在可見的未來可能獲得大幅度的進步，並在攻克疾病的過程中發揮重要的作用。這裡舉三項為例：

1. 手術機器人

達文西手術機器人據說能提升外科手術的效果，這臺機器配有靈活的機械手臂，醫生透過控制臺操縱機械手臂來進行手術。人的手不管經過什麼樣的訓練，總是會有細小的顫動出現，而機械手臂卻不會，再加上配套的 3D 成像系統，

可以讓醫生在手術中有更精細的觀察，所以手術的精準性和穩定性得以大大提升。但是達文西手術機器人售價昂貴，只有特別先進的大醫院才有配備，手術費用也很高昂，普通人是負擔不起的。在未來，可以預期這樣兩個變化：

(1)手術機器人的技術不斷進化，手術的精確性進一步提升。

(2)機器的造價不斷下降，從而更加普及，讓更多患者受益。

2. 奈米機器人

試想，若是一群極為微小的機器人潛入患者體內，能夠按照要求完成特定的任務，可能會對醫療帶來真正的革命。如果把腫瘤比喻為違章建築，那麼奈米機器人就是拆遷小分隊，它們能把炸藥包（藥物）精準地放入腫瘤內部，實現定點爆破。只不過這種技術還處於早期探索階段，還有很多技術難關要攻克。但是可以想像在五十年後，可能有各式各樣的奈米機器人應用於臨床，在各種疾病的治療中建立奇功。

3. 器官 3D 列印

也許有朝一日，人類可以自己製作肝臟、腎臟或者心臟。

器官 3D 列印技術還處在早期的實驗探索階段，但是它的前景是激動人心的。理論上說，用 3D 列印的方式來製造器官是可行的，大概的方式是先用硬質材料做支架，然後用特色的「3D 印表機」把「生物墨水」塗在這個支架上，這些「生物墨水」的主要組成就是幹細胞。塗在支架上的幹細胞能進一步分化，直至長成器官，但是要真正實現這個技術還是不容易的。

　　手術機器人、奈米機器人、器官 3D 列印是未來醫學發展三個有潛力的方向，當然還有其他很多方向。有意思的是，很可能這些技術會相互交叉組合，形成新的技術。可以肯定的是，五十年後的醫療技術跟現在一定會大不一樣，而這種種可能性其實就取決於今天的人是怎樣思考和行動的。

　　阿奇舒勒創立的 TRIZ 方法對創造發明和技術進化提出了系統性的建議，他認為，如果應用他所歸納的四十個發明原理，就可以讓技術發明從盲目、低效的隨機試錯模式走向高效和快速的發展路徑。這四十個發明原理包括分割、分離、局部品質、非對稱性、合併、多功能、巢狀結構、反重力、預先反作用、預先作用等等，限於篇幅我不詳細解釋，大家有興趣可以搜尋和查閱相關資料來瞭解。

　　在這裡我想提供給大家的方法是，結合目前的新技術趨勢和四十個發明原理，我們能製作出一個探索潛在發明機會的矩陣，只要在這個矩陣中做出一部分的填充，就可能看到未來技術某些新的可能性。

	手術機器人	奈米機器人	器官 3D 列印	……
分割	創新想法 n	……	……	……
分離	……			
局部品質	……			
非對稱性	……			
合併	……			
多功能	……			
巢狀結構	……			

　　透過這個矩陣，再來思考五十年後的醫療，是不是會更有感覺呢？

　　練習一：在上面的矩陣中，盡可能地填寫和擴充，以設想五十年後的醫學技術發展，如果有特別好的想法，建議轉入進一步的實質性研究和探索。

　　練習二：在某個你比較熟悉的領域，採用上述類似方法，來探索該領域的未來發展。

第六章
遷移
躍入求知的通途

在難以計數的發明和發現的故事裡
你都會發現，
「遷移」是創造中最核心的要素之一

01

脫離原生場景，發現通用結構

發明魔鬼氈：「遷移式」學習的勝利

　　瑞士人喬治・德・梅斯特拉爾（Georges de Mestral）帶著他的愛犬爬山時，被山林中的牛蒡子搞得心神不寧。這些牛蒡（英文通用名 Burdock，學名 Arctium lappa）的果實，不知何時在他的褲子和狗毛上黏了一大片，他不得不費力地把它們一個個摘下來。不過這位喜歡創造發明的工程師並沒有一味地抱怨，他想到了帶幾顆牛蒡子回家，家中的工作室有顯微鏡，可以拿來好好研究一番：為什麼這些小東西有這麼強的黏性呢？

　　這是一九四一年的一天，梅斯特拉爾在顯微鏡下看到了牛蒡子表面的微觀結構：數以百計的小鉤子密密麻麻地擠在一起，正是這些鉤子能夠輕易地穿過織物或者皮毛的空隙，從而牢牢地黏在這些東西上。這正是大自然的神奇之處，牛蒡進化出了這樣的結構，其進化優勢是叢林中的小動物常會

黏走這些果實並帶到不同的地方，無意中便成了牛蒡種子的
傳播者。

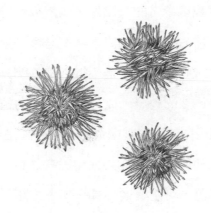

圖 6-1　牛蒡種子

（圖片來源：法國土魯斯博物館 Muséum de Toulouse，登錄編號 MHNT.BOT.
2004.0.16，攝影者 Roger Culos 開放授權）

　　而梅斯特拉爾想到，這種結構不僅是在自然界中獨樹
一幟，而且在人類社會也派得上用場。於是他花了幾年時
間來研究如何仿製出相似的結構，終於發明出了以小鉤子
和小套環為上下兩面的搭扣模式，於一九五五年獲得了專
利，隨即投入大規模生產，這就是今天無處不在的「魔鬼氈
（VELCRO®）」，並以輕便、牢固、易用等特點而被廣泛使
用。例如童鞋就普遍用魔鬼氈做搭扣，因為小孩子還不會綁
鞋帶，魔鬼氈就成了更便捷的選擇。魔鬼氈甚至還被帶到了

太空，在失重的空間站裡，用魔鬼氈來固定各種小物件是最簡便的解決方案。

這個故事讓我很驚奇的一點是，雖然梅斯特拉爾是從植物之中獲得關鍵性的線索，但他本身不是植物學家也不是博物學愛好者，在這些領域，他是不折不扣的門外漢。可是他竟然能透過一次偶然的經歷，從一種不起眼的植物果實中挖掘出這麼大的應用價值，這其中最關鍵的原因是什麼呢？

我覺得最重要的原因是他觀察和思考的方式。被牛蒡子黏過的人千千萬萬，可是其他人都是摘下來隨手就扔了，只有梅斯特拉爾想到把牛蒡子帶回家置於顯微鏡之下，觀察其微觀結構。對微觀結構的洞悉是這個故事中成功的關鍵，隨即而來的是一個「脫鉤[9]」式的思考：這位發明家意識到，這種表面布滿微小鉤子的構造並不一定是牛蒡子所獨有，它可以出現在任何地方，又或者說它可以被當作是一種「通用結構」，無論構成它的材質是某種植物蛋白還是人造纖維，並無根本上的差別，所以梅斯特拉爾做的實際上是從一個領域到另一個領域的跨界遷移。他的觀察比別人更加精細（更小的尺度），他的思考比別人更加開闊（更大的廣度），從而

---

9 脫鉤：比喻為脫離原有的關係。

實現了這一遷移。

　　當然不僅是在這個故事，在其他難以計數的發明和發現的故事裡，你會發現「遷移」都是創造中最核心的要素之一。遷移的基本過程用最簡單的話來說就是兩個步驟：

1. 在一件事物的內部發現某種可能具有普遍性的要素或結構。

2. 將這種要素或結構與原背景「脫鉤」，並嘗試置於新的背景之中。去看看各種有意思的發現和發明，你能看到其中的路徑其實大同小異。

　　碎形幾何的創立者、美國數學家本華・曼德博（Benoit Mandelbrot）追溯自己的思想起源時，談到自己是被一個問題所迷住，那就是如何準確地測量一個地方的海岸線。我們知道海岸線是彎彎曲曲的線條，不可能是筆直的線段，而要知道這樣的曲線長度為何，實際上是跟我們用什麼「尺」來測量有關。假設現在有兩把「尺」，一把尺的度量單位是一千公尺，另一把尺的度量單位是十公尺，分別拿這兩把尺去測量某一個海灘的海岸線，結果會是大相逕庭：後面那把尺因為能觀測到更多細小的曲折，而能得出更長的長度。如果再假設存在一把度量單位是一公分的尺，那麼測出來的海岸線長度顯然會更長。

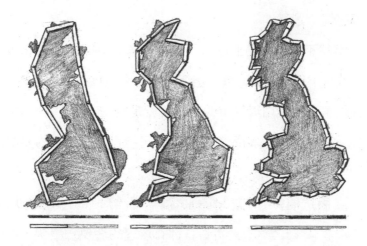

圖 6-2　分別用一根 **200** 公里、**100** 公里和 **50** 公里的測桿去測量
　　　　英國的海岸線，得出的結果依次為 **2350** 公里、**2775** 公里
　　　　和 **3425** 公里

（圖片來源：https://commons.wikimedia.org/wiki/File:Britain-fractal-coastline-combined.jpg）

　　這個奇妙的現象說明了海岸線是一種可以接近無限細分
的線條，用比較學術的觀點來看，它在不同尺度上都具有「自
相似性（self-similarity）」。一九六七年，曼德博把這一發現
寫成了一篇簡短的論文，發表在權威雜誌《科學》（Science），
名為〈英國的海岸線有多長？統計自相似和分數維度〉。一
九七七年，他又創造了「fractal（分形、碎形）」這個詞來概
括他的新思想；一九八二年，在他出版的新著作《大自然的
分形幾何學》裡，他從自然界中找到了很多具有分形特徵的

事物，除了海岸線外，還有星系、島嶼、河流、樹木等等。

　　他發現，碎形幾何在描摹這個世界的本質特徵時甚至比歐幾里得幾何更加貼切，而這一切發現都起源於一開始他對海岸線的洞察。用我之前提出的「遷移兩步法」來看待這個故事，會是這樣的：

　　第一步：曼德博從海岸線中發現了具有普遍性的「自相似」特徵。

　　第二步：把自相似特徵與海岸線「脫鉤」，去考察其他自然物中是否也具有這種自相似性。

　　曼德博的兩步法並不是一蹴可幾的，從一九六七年發表海岸線論文到一九七七年提出「碎形」概念，再到一九八二年闡述碎形幾何學，期間經歷了十五、六年的時間。在一開始，他並未意識到自相似特徵的普遍性，證據是他在一九六七年的論文裡寫了這一句話：

　　關於維度觀念的實踐應用，需要未來更多的考察，因為自相似圖形在自然界中是很少遇見的（水晶是一個例外）。

　　Practical application of this notion of dimension requires further consideration, because self-similar figures are seldom encountered in nature (crystals are one exception).

在那個時候，曼德博還認為自相似圖形在自然界中是很少見的，海岸線不過是少數的幾個特例而已，這說明，他還沒有把這種特性與海岸線的背景「脫鉤」。而十年以後，他已經向世人論證，自相似的分形特徵具有極大的普遍性。

先遷後移，打破屏障

不論是梅斯特拉爾發明魔鬼氈還是曼德博創立碎形幾何學，「遷移」都在其中發揮了關鍵性的作用，古人說「見微知著」、「一葉知秋」也是比較類似的。你會發現，要想成功遷移，困難之處往往不在於後面的「移」，而在於前面的「遷」（或者說「脫鉤」），所謂先遷後移，如果你不能把某個要素從原本的地方「遷」出來，那麼「移」到別處就無從談起。

那麼怎麼「遷」呢？簡單說，你要去想有哪些元素是有普遍性的，如果一個元素有普遍性，它就可以「遷」出來。其實，人類文明就是透過無數次「遷」的過程發展而來的。

中國古代講「五行」，認為世界是由金、木、水、火、土五種元素組成，就是把自然界的這五種東西遷移出來，並普遍化了。亞里斯多德的學說則認為地球上有四種基本元素

土、氣、水、火（另外天體中還有「乙太」），這也是對大自然的遷移式學習。

孔子說：「仁者樂山，智者樂水。」老子說：「上善若水，水善利萬物而不爭。」利用自然之物去理解人類社會，這樣的例子也不勝枚舉。可見，古代的智者都是從他們所觀察到的現象中去思考，舉一反三，先遷後移。古代的繪畫藝術、手工藝品、裝飾物乃至工程機械等，不論來自哪個文明，都離不開對大自然的臨摹。所以，知識從哪裡來？生活從哪裡來？都是遷移而來。

當然，簡單的觀察已經無法滿足後來人的好奇心，他們需要做實驗，去改變觀察的對象，去瞭解變化的過程及原因，這就誕生了科學。自法蘭西斯・培根發明了科學研究的方法之後，人類的知識列車就進入了快車道，但是遷移作為基本的學習方法，它的重要性從來沒有降低過。

只不過，由於現代人都要按部就班地接受學校教育，失去了原本應有的遷移式學習的機會。因為學校體系為了追求教育的效率和標準化，會首選看似最高效的灌輸式教學。所以我們一直在學學學，腦子裡塞滿了理論與概念，但是我們用自己的眼睛去觀察、去領悟、去求索的機會卻少之又少。

愛因斯坦說：「想像力比知識更重要。」怎麼理解這句

話？知識所及的只是已知，而當我們沿著某個方向觸碰到知識的邊界，邊界之外就是未知，這時已知已經不夠用了怎麼辦，於是我們需要想像力去拓展這個邊界。與此同時，除了已知與未知的邊界之外，還有一種邊界，就是不同學科、不同領域之間的邊界，不同知識背景的人擁有著不同的語言。

換個角度講，任何一種知識都是有其背景的，我們在一個特定的學科背景之下去學習知識，但是背景本身又成了我們思考的無形屏障，這時我們需要想像力去打破這些屏障，把原本我們認為無關的知識連接起來。

以「遷移」實現縱跨多領域的學習

也許接下來我們想嘗試一下這種可能性，那就是我們能不能重新喚醒透過遷移來學習的能力呢？

現在我手上有本書叫《齊如山文存》。齊如山是中國近代著名的戲曲家，著作等身，他還是梅蘭芳的師友和創作夥伴。一九一三年，十九歲的梅蘭芳已經在京劇舞臺上嶄露頭角，此時，臺下有一位特殊的觀眾便是齊如山。年長梅蘭芳十九歲的齊如山已經在歐洲留學五年後歸國，在戲劇方面有很深的造詣。觀看了梅蘭芳的演出後，他寫信給梅蘭芳，在

表演方面給出了很多專業建議，讓梅蘭芳深受教益和鼓舞。在齊如山寫給梅蘭芳的一百多封信中，有幾封收錄在《齊如山文存》一書裡，我從中找一段話出來，大家看看能不能學到什麼：

「足下才十九歲，方在英年，諸事正應努力邁進之時。每演一戲，必要察該戲之情節，該人之身分。以表情論，某處應添何種神情，某處應添何種身段；既添之後，要審察其是否合理，是否美觀，觀客是否歡迎。比如近來某旦角演《醉酒》，有鼻嗅花香，及快跑急轉之身段。按楊妃醉後偶嗅花香，亦頗在情理之中，但臀部高抬極不美觀，此即為合理而不美觀之身段；至快跑急轉等身段，雖亦不難看，但以楊妃豐滿身軀，且在醉後，何能有此劇烈之動作？此即為美觀而不合理之身段。僅舉一戲，餘可類推。」

這段話對我很有啟發性。雖然我不學表演也不懂戲劇，但是我想，表演是動作，而我每天生活中也在動作，是不是有相通之處呢？我每天舉手投足，怎麼展現體態和身段，需要注意些什麼，似乎沒有人教過我，而齊如山提出的兩個標準「合理」與「美觀」，正好可以借鑑參考。

　　特別是當我們在公共場合時，比如在地鐵、咖啡廳或是商場，我們的舉止本身就有在眾人面前「表演」的成分，也需要考慮「觀客是否歡迎」，那麼就不能做「不合理」的動作，也不能做「不美觀」的動作。所以齊如山說「僅舉一戲，餘可類推」中的「餘」，我理解為不僅指「其餘之戲」，也指「其餘之日常舉止」，也未為不可。這麼想過之後，就實現了從戲劇這個領域向日常生活的遷移、借鑑。

表 6-1　　合理與美觀的周哈里窗

不合理卻美觀	合理又美觀
不合理又不美觀	合理卻不美觀

　　那麼，這樣就算是遷移了嗎？是否還能做別的遷移呢？我發現，「合理」與「美觀」這兩個標準適用於所有具有「展示」屬性的情景中。比如海報設計，大多數人想到的只是如何吸引眼球，於是會傾向於用悚人的標題和醒目的色塊，雖然引人注目，但是有可能失之美觀。又比如演講，演講者可能激情澎湃，但是如果這份激情沒有來由，只是為了炒熱現場氣氛，那麼就不合理，觀眾也未必會有共鳴。不能因為只

求合理而犧牲美觀，也不能為求美觀而不要合理，更不能為了其他目的而把兩者都丟棄，這便是齊如山這段話的普遍性價值所在。

練　習

1. 反復觀看電影或者電視劇中的一段表演，從合理和美觀兩方面進行分析。
2. 在一家餐廳用餐時，觀察服務人員的舉止，從合理和美觀兩方面進行分析。

我再舉一個例子：日本有一位很厲害的漫畫家叫荒木飛呂彥，他的作品《JOJO 的奇妙冒險》非常受歡迎。在一本自傳裡，他把多年來的漫畫心法，從人物設定到劇情設計再到繪畫技法等皆和盤托出，其中最讓我感到驚奇的是關於技法的這一段話：

畫火＝刻畫風。例如要表現爆炸時產生的火焰，可以描繪火焰周圍的空氣是如何流動的，如果是正在燃燒的物體，就突出它的輪廓。

畫水＝刻畫重力。例如有東西落入水中時，描繪水花是

怎麼飛起來的；杯子摔碎的時候，描繪裡面的水是怎麼濺出來的。

　　像我這樣的繪畫門外漢，原本理解的「畫得好」約等於「畫得像」，也就是說，畫水就要像水，畫火就要像火，把它們的形態畫出來：水是透明的，有倒影；火是耀眼的紅光，以為畫到這地步就夠了。沒想到荒木飛呂彥告訴我的是，表面上我在畫水，其實畫的是看不見的重力；表面上我在畫火，其實畫的是看不見的風。

表 6-2　繪畫技巧中可見與不可見的細節

可見	水	火	……
不可見	重力	風	……

　　這段話可以從兩個方向去理解：

1. 從「水」到「重力」

　　為什麼荒木飛呂彥能說，畫水就等於畫重力呢？前提是他知道水的運動主要是受重力作用的。比如他在書中舉例，

一個人從浴缸裡爬出來，身上沾著水珠，水珠的流動就是重力在作用。由水而知重力，是因為他理解了水；同樣，由火而知風，是因為他理解風，那我便把這組關係遷移到日常的人際交往中。當你跟一個朋友聊天時，你能看到他的表情，能聽到他說的話，這還不夠，你要透過表情和話語去理解他內心有什麼情感和訴求，只有這樣，你們的交流才是有效的。

2. 從「重力」到「水」

重力是看不見的，但是好的畫家可以把它畫出來，那就是透過水或者別的什麼東西展現重力。從這個層面上來說，好的畫家是能展現不可見之物的。畫出可見之物不會太困難，但是畫出不可見之物的難度就提高了許多，比如表面上是畫風景，其實是畫自己的心情，讓觀者見畫如見人，這就不是一般人能畫的。那麼在別的領域，是不是也有這種「可見＋不可見」的雙重關係呢？

比如說，如果我在文章裡寫「我看見她開心地笑了」，就是一種比較差的表達，因為它混淆了「可見」與「不可見」。「開心」是人內在的一種情感，只有當事人「她」自己明白，並不是「我」能直接看見的。「我」只能透過對「她」笑容的觀察來推測出「她」的開心，也讓讀者感受到「她」

的開心，這才是合理的，如果我直接用「開心」、「難過」
這樣的詞，雖然不是不可以，但是不容易讓讀者有共鳴，效
果是不好的。

　　同理，假如我想表達兩個人物的關係，比如「李雷喜歡
韓梅梅」，那麼我不能直接說「喜歡」，也不能說「很喜歡、
很喜歡」，說多少次都沒用。我需要做的就是展現大量可見
的細節，從表情、情感、動作去透露出這種喜歡，這就是「可
見」與「不可見」的關係，從繪畫到文學的遷移。

表 6-3　從繪畫到文學可見與不可見的細節

可見	水	火	微笑	偷偷盯著看	……
不可見	重力	風	開心	喜歡	……

　　上面討論的兩個案例——齊如山說表演和荒木飛呂彥
講漫畫都說明，從一個領域到另一個領域的遷移是可能發生
的，這些可遷移的普適元素，可以說隨處可見，關鍵就在於
你是否有心，是否願意多思考一點。

02

讓從「知」到「行」變得可行

　　接下來我想談一類特殊的遷移，是從「知」到「行」的
遷移。我們大多數人知道的東西可以說是不少，畢竟這是一
個資訊爆炸的時代，光是每天滑手機都有很多資訊可看，但
是怎麼把知道的東西轉化為行動卻是困擾大家的難題，而要
解決這個難題，首先我們要瞭解「行」的本質是什麼。

　　「行」的本質是一連串可執行的操作，這些操作不以掌
握繁複的知識為前提。一般來說，一個複雜事件能分解為一
連串簡單動作的序列，如果一個人眼前有一本「動作序列說
明書」，哪怕他並不具備相關知識，也能完成複雜的操作。

設計一看就懂的行動序列

　　各種電器的說明書就是以最迅速的方式教人學會怎樣
「行」的典範。如果說明書不能教會使用者快速學會使用這
臺電器，那麼就會引來使用者的抱怨；如果使用者被誤導以

至於弄壞了電器，那麼廠商還要負責維修，增加了很多成本，所以一個成熟的廠商，一定會精心設計產品說明書。

　　下面是我家裡用的某一款 LG 滾筒洗衣機的說明書，其中關於如何洗衣的操作，廠商用非常簡單、清晰的方式表達，一看就會。比如在「洗衣準備」中提供五個操作步驟，只要看著照做就行。

1. 洗衣準備

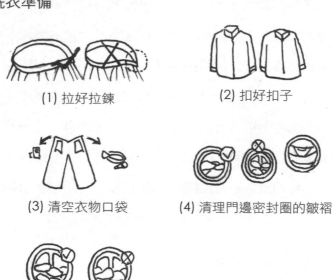

(1) 拉好拉鍊　　　　　　　(2) 扣好扣子

(3) 清空衣物口袋　　　　(4) 清理門邊密封圈的皺褶

(5) 衣物不要被門夾住　　（※ 在原說明書中，每一步
　　　　　　　　　　　　　　驟均搭配簡單圖示）

圖 6-3　洗衣機洗衣準備五步驟圖解

2. 洗衣步驟

(1) 不要洗滌單件衣物：
床單及被套搭配幾件衣
物有助於脫水平衡，真
絲等貴重衣物請參考衣
物標示洗滌

(2) 放入衣服，關好門

(3) 放入洗衣精

(4) 接上電源，打開水龍頭

(5) 選擇洗衣功能

(6) 按下執行，開始洗衣

圖 6-4　洗衣機洗衣六步驟圖解

3. 故障解決

　　如果洗衣機出現故障，說明書還建議用簡單的提問清單
進行自行檢測，並給出了相應的應對措施：

表 6-4　洗衣機故障排除簡易檢測表

常見問題	脫水異常	進水故障	排水故障	門故障
	LED 顯示：UE	LED 顯示：IE	LED 顯示：OE	LED 顯示：DE
確認事項	· 運輸螺栓是否已拆卸？ · 洗衣機是否安裝水平儀？ · 是否只洗滌了單件衣物？	· 水龍頭是否有打開？ · 排水管高度是否過低？ · 水管是否因天氣變化而造成堵塞？ · 進水口是否堵塞？	（略）	（略）
措施	· 拆除運輸螺栓 · 洗衣機安裝在水平地面上，不可晃動 · 添加幾件相同材質的衣物	· 打開水龍頭 · 排水管的高度應為機身高度 20 公分以內 · 用熱水解凍水龍頭 · 取出進水口的內部濾網並澈底清洗	（略）	（略）

　　好的說明書也是寫作的範本。說明書把消費者默認為「傻瓜」，默認他們並不具有與該機器相關的專業知識，對

於內部構造、機械原理等，一概是不瞭解的。在這個前提下，說明書要教會大家都能正確使用，就需要設計得特別簡單清楚才行。

無怪乎我們經常能看到一些設計優美的說明書，文字簡明扼要，圖示清晰明瞭，一點都不拐彎抹角、拖泥帶水。說明書無須講道理也不必講理論，既不灌雞湯也不打雞血，就是直接告訴你應該怎麼做，而且保證你一看就懂、一學就會，這樣的效果是多少教材、課程都難以企及的。

如果使用中出現問題和故障，說明書會直接提供檢查清單，把最常見的原因列出來，讓你一條、一條去對照。如果發現某一條正是遇到的情況，底下還提供了針對這個問題的解決方法，讓使用者就能自己解決。其實，大部分的常見問題都不太需要麻煩客服，而你也順便培養了一點維修技能，何樂而不為呢。

練　習

反復閱讀一本設計良好的產品說明書，仔細體會它在表達上的優點。

　　除了說明書之外，不同形式的員工操作手冊也是類似的。比如，下表來自我常去的一家咖啡廳的洗手間，這是供員工填寫清掃洗手間的確認表格，每一個細節都說明得非常清楚，員工只要逐一照做就可。

表 6-5　咖啡廳清潔事項說明

店面－A 地板－B 牆壁－C 洗手檯－D 鏡子－E 垃圾桶－F 馬桶－G 供應物品－H 氣味－I 蚊蟲－J	門 牆壁	用抹布擦拭直至無水痕、手印、灰塵
	洗臉盆 供應物品 地板	1. 用抹布擦拭，清潔水龍頭、洗手檯以及周邊 2. 檢查洗手乳、擦手紙巾、衛生紙是否足夠，及時補充 3. 用乾淨的拖把清潔地面
	鏡子	1. 將玻璃清潔劑噴灑在鏡子上 2. 用玻璃刮刀將水漬去除 3. 用乾淨的抹布或報紙擦至明亮無痕
	垃圾桶 馬桶 氣味 蚊蟲	1. 垃圾桶八分滿時及時清空 2. 將馬桶沖水，戴上手套，用刷子清潔四周 3. 有異味時，噴灑適量的空氣清淨劑 4. 噴灑防蚊噴霧

　　這張表格為什麼讓我驚豔的原因，是因為它用最簡潔的語言說明了每一個過程需要的工具、動作和效果。例如門、牆壁這一行寫著「用抹布擦拭直至無水痕、手印、灰塵」，這一欄就寫明了物品是「門、牆壁」，動作是「擦拭」，工具是「抹布」，效果是「無水痕、手印、灰塵」，非常清楚且具有很高的可執行性。特別的是在效果描述上，這個表格沒有簡單地寫「擦乾淨」或者「擦得很乾淨」，而是把需要擦乾淨的項目寫得很清楚（無水痕、手印、灰塵），這種細緻程度是非常值得借鑑的，仔細品讀一下這個表格中的其餘各句，也能體會到這一點。

　　那麼假設以後我們自己遇到需要寫「操作手冊」的時候，雖然可能不是關於衛生清潔方面的，但是在撰寫的要領上，如何強化可操作性、可執行性，完全可以參考這個表格中的優點來寫。

　　再延伸來看，任何的技能都是一連串可執行的步驟，程式也都是由可執行的步驟所組成。這些步驟被創造出來時需要理論的支援，但被執行時卻並不需要。實際上，現代的商業世界就是由無數個類似這樣的「傻瓜」流程組成的，如果說理論知識是這個世界深層的運行規則的話，那麼各種可執行的操作序列就是現代社會的骨架。

「去專業化」：把理論引導至實踐

　　「專業化」的重要我們都瞭解，在現代社會，一個人學業成就的標誌之一就是專業化，當他掌握了某個領域的知識和技能以後，他就能成為這個領域的「專家」；而「去專業化」是把「專業化」反過來，當你成為某類專家以後，你只能跟圈子裡的人溝通，因為你們說的是圈內人才能聽得懂的行話。

　　也許某一天你非常想跟大眾交流，來傳播你的思想和見解，但是你會發現特別困難，因為你說的話大家都無法理解，這個時候你就會意識到，你需要「去專業化」。當我們去設計或者編制一個可執行的操作時，要盡量避免專業化，盡量減少使用專業術語（除非不使用某個專業術語會造成意義的含混或差錯）。

　　如果我們有了這種「去專業化」、逆向而行的意識，那麼就能打開很多新的可能性了。有少數人可能是因緣際會，領悟出了「去專業化」的重要性，便會有意識地訓練自己「去專業化」的才能，這些人最後往往成了這個社會最具有影響力的那部分人，他們是發明家、作家、教育家、企業家以及各領域的頂尖專家。因為當我們能把某一種理論知識「轉譯」

成一套可執行的操作序列時，那可能就意味著：

- 如果你是給自己用的，你能提升個人的工作效率和產出。
- 如果你雇傭一些人跟你一起使用這套流程，你可能就設計了一種服務。
- 如果你把這套流程固化在某一個工具裡，那麼你可能就創造了某種產品。

按照這種思考模式，我們試著把剛才的例子進一步加工。設想這樣的場景，一家餐廳把「合理」和「美觀」作為服務人員身型動作的考核標準，那麼可以設計出一個簡單的問題清單，供每個服務人員自我檢測：

問題一：我的服務跟動作合理嗎？

問題二：我的服務跟動作美觀嗎？

不要小看這兩句話，它就是一個可執行的操作序列。

再假設，餐廳服務有入座、點餐、上菜、巡視、收桌、買單這六大過程，那麼就能把這六大過程跟上面兩個問題結合起來，設計出一套更精細的自我檢測清單：

表 6-6 餐廳服務人員自我檢測表

過程一	入座	操作要項： a.…… b.……	問題 1-1： 我的服務跟動作合理嗎？
		操作要項： a.…… b.……	問題 1-2： 我的服務跟動作美觀嗎？
過程二	點餐	操作要項： a.…… b.……	問題 2-1： 我的服務跟動作合理嗎？
		操作要項： a.…… b.……	問題 2-2： 我的服務跟動作美觀嗎？
過程三	上菜	操作要項： a.…… b.……	問題 3-1： 我的服務跟動作合理嗎？
		操作要項： a.…… b.……	問題 3-2： 我的服務跟動作美觀嗎？
過程四	巡視	操作要項： a.…… b.……	問題 4-1： 我的服務跟動作合理嗎？
		操作要項： a.…… b.……	問題 4-2： 我的服務跟動作美觀嗎？
過程五	收桌	操作要項： a.…… b.……	問題 5-1： 我的服務跟動作合理嗎？
		操作要項： a.…… b.……	問題 5-2： 我的服務跟動作美觀嗎？
過程六	買單	操作要項： a.…… b.……	問題 6-1： 我的服務跟動作合理嗎？
		操作要項： a.…… b.……	問題 6-2： 我的服務跟動作美觀嗎？

　　當然這只是我為了說明方法而做的轉換示例，在真實的餐飲業內，一家管理嚴格的餐廳一定有更科學和完整的服務流程。

　　至於從荒木飛呂彥書中歸納出來的「可見、不可見」關係，透過簡單的設計，也能轉換出一個可執行的操作序列，這個序列表示出一套可行的觀察步驟：

　　步驟一：選擇一個觀察對象。

　　步驟二：列舉出這個對象的可見元素。

　　步驟三：列舉出這個對象的不可見元素。

　　步驟四：思考不可見元素是如何影響可見元素的，或者可見元素是如何展現不可見元素的，即兩者的關係為何。

　　當你真的試著去做時，你會發現這種轉換比想像中還要容易。按照這種思考模式去實踐，「學以致用」就不是一個遙不可及的目標，而是近在眼前的大道。當然透過頭腦構想出來的行動步驟只是一種關於如何行動的假設，還必須經過不斷地實踐來反覆修正和完善。如果實踐中發現不好用，也許還得推翻重來，但既然已經邁出第一步，那麼後面的行動自然而然是可以接續下去的。

03

知識遷移的目標是解答你的核心問題

透過以上文字，我基本上回答了兩個問題：

1. 如何把領域 A 的知識遷移到領域 B？

2. 如何把理論知識遷移到實踐領域？

接下來，我們再進一步探討第三個問題，這個問題可能更加根本，那就是：如何確定遷移目標的發展方向？

明確自己的核心問題

正如我在《精進思維》裡所說，「提問」是一個學習者非常重要的一步。一個有深度的問題能指引一個人進行長期思考，連接他所有的知識和經驗，求解這個問題的過程就是非常好的學習過程，那麼設定遷移式學習的發展方向也不脫離這個基本的原則。假設一個學習者心中懷著一個特別想求解的核心問題，那麼他在攝入任何知識時就會想，眼下學到的知識可以如何遷移到我最重要的主題上，對這個核心問題

能不能帶來新的啟發？

　　要知道，我們每天都會接收到形形色色的資訊，有些人接收的資訊量又特別大，當你心中有一個核心問題時，這些資訊就像千百支箭從四面八方射來，然後彙聚到你這個最重要的問題之上。然而如果你沒有這樣的核心問題，那麼這些箭是亂七八糟地射過來，又亂七八糟地飛走，留下一地的羽箭。

　　就拿我自己來說，我寫這本書的本質就是要回答這個核心問題：在現代社會，一個人最有效的學習方法是什麼？為了回答這個問題，我會涉獵不同學科、不同領域、不同管道、不同媒介之上的知識，百無禁忌，來者不拒。我想盡我所能，把我接觸到的所有東西透過適當地遷移，變成求解這個問題的知識模組。當這些模組達到一定規模，能聚集起力量時，也許就能相對完整地解答這個問題了。

問題要從你的真切感觸中去尋找

　　肯定有人會說，你這個問題我不感興趣，那我該怎麼找到我的問題呢？很簡單，從你的痛點入手。想像有這樣的一個人，他的特點是做事比較毛躁，在工作中經常把事情搞砸，

或者沒能滿足上司的要求，於是老是被罵，自己也沒什麼自信。那麼請問，他該怎麼辦呢？

我覺得首先應該提出一個比較大又比較難回答的問題：「如何把一件事做到完美？」這個問題當然是很難的，但是在求解這個問題的過程中一定會有很多收穫，然後自己平時生活工作中的一些小毛病可能在不知不覺中就解決了。

在「如何把一件事做到完美？」的問題之下，他就可以開始自己的遷移式學習之旅。他可以去考察各行各業能把事做到完美的人，瞭解他們的故事，思考他們的心得，然後去想，就自己的職業來說，怎樣才能把事情做到完美。

比如就製作樂器來說，機器製作的樂器不可能比由經驗豐富的工匠手工製作的樂器更加完美。為什麼呢？你可以試著思考這樣的問題。吉他製作大師斯特芬・索貝爾（Stefan Sobell）的回答是，基本上只有人才能挑選出製作吉他最適合的木頭。每一塊木材的音色都是不一樣的，每製作一把新的吉他前，他都需要在眾多木材中進行挑選，用指節敲打木材並且傾聽其響聲，這關乎這位匠師的手感、聽覺和審美品位，絕對是機器不可代替的，然後在加工木材的過程中，也會涉及很多類似的操作，這就決定了手工製作的吉他才有可能是最好的吉他。

　　從這個故事中，你能收穫什麼啟示呢？最簡單的一個啟示就是，一件事情能不能做好，跟你選擇的素材是直接相關的。你需要挑選出足夠好的素材，並且你要有能力判斷出相似素材之間細微的差別（就是第一章討論的分辨差別技巧）。很多人對自己工作理解到的是，每天或者每週都在重複做相似的事情，這種理解可能並不準確，因為有可能你做事情流程雖然類似（就像製作每一把吉他的工程是一樣的），但你要處理的事件（或者說素材）是有差異的，而你只有敏銳地識別出這種差異，然後有針對性地調整你的應對方式，才可能把你的工作做到完美。

　　我覺得現在大多數人的毛病就是一遇到問題就去找現成的答案，去求教名人、權威。其實別人告訴你的答案即使回答得再好也是沒什麼用的，因為你不知道怎麼用。你必須自己去追求答案，你需要這樣的過程，而這個過程就是學習的過程，也是你自我反思的過程，更是一個把外部知識與自己內在的精神世界主動連結起來的過程，這些過程是無法省略的。所以，大膽設定你的問題，然後借用遷移以及書裡談到的其他方法，去尋找你自己的答案吧。

心智練習：學會逛街 ─────────────

　　書本只是知識的一種承載形態，知識還能以其他很多種形式呈現，比如街道、商店。用一種學習者的眼光去看，一條街道就是一本書，是稀字之書也是 3D 之書，走進路邊的一家小店就是翻開書裡的某一頁，在這一頁裡，我觀察然後有所得，有所悟、有所遷移。

　　有一天我走在上海的南京西路上，不知不覺被一陣咖啡香氣所吸引，抬頭一看「STARBUCKS」幾個大字。我心想：「哦，又是一家星巴克啊。」等我推門走進這間星巴克，就被內部裝潢驚艷到了。裡面也太大了吧，好多吧檯、好多座位、好多人，一個樓梯通往二樓，還能看到一個幾公尺高的桶罐，上面刻了好多篆體字。

　　這是什麼地方？原來，這並不是「又一家」星巴克，而是只此一家的星巴克，叫作星巴克臻選烘焙工坊。它一半是店面，另一半是「車間」，咖啡豆在這裡分選、烘焙、包裝，整個過程都是流水生產線操作，很多人圍在周圍看著這些大機器轉動，眼裡充滿好奇和驚喜。我也是第一次看到咖啡加工的生產線，一邊喝著拿鐵一邊拍了很多照片和影片，然後開始沉思：「為什麼這家星巴克要這樣設計，為什麼要把生

產過程給我們看？」

　　現代社會就像一個在運轉的大機器一樣運行著，在這個機器裡，生產過程和消費過程是分開的，哪怕我們去餐廳吃飯，廚房也不會對外開放、供你參觀，而這家不一樣的星巴克則把生產和消費之間的「牆」打破了，消費者可以直接看到生產過程，一覽無餘。我覺得大多數人對一樣東西是怎麼製造出來的還是很感興趣的，只是通常我們沒有機會看到這樣的過程，興趣被一次又一次地壓下去，然後也就忘了。

　　「透明化」——拿鐵快喝完的時候，我的腦子裡又突然冒出一個詞。一反常規，把原本隱藏的部分透明化，能得到意想不到的效果。那天晚上我又在另一條街道上閒逛，路過一家精釀啤酒吧，透過玻璃櫥窗能看到幾個將近三公尺高的大罐子，還有很多彎彎曲曲的管子把這些罐子連接起來，不用說，這家店的精釀啤酒就是從這些罐子裡做出來的。如果一個啤酒愛好者路過這個玻璃櫥窗，一定無法抵抗，會立刻進去喝一杯吧。

　　從星巴克臻選店到精釀啤酒吧，我看到了一個共同且富有啟發性的元素——透明化。所以說，哪怕我不翻書、不上課，我只要逛逛街、喝點東西，有意思的東西就會冒出來，進入我的頭腦，而且我會把這些收穫及時紀錄下來，於是你

才會在書裡的這個地方看到這篇文章。

很多人看書會做筆記，這是個好習慣，可是你有沒有想過，逛街也需要做筆記呢？如果你走進了南京西路的星巴克臻選店，你會想到拿起紙和筆把你的觀察和思考紀錄下來嗎？其實旅遊也一樣。

我覺得旅遊分兩種，一種是「到此一遊」式，我來到這個景點，在景點門口拍張照，貼到社群上，表示我來過了；還有一種是學習體悟式的，我會想，我來到了這裡，然後我要帶走什麼呢？我可以帶走什麼樣無形的東西呢？

我做了一個表格，不論是逛街還是旅遊都可以用來紀錄，當然你也可以設計自己的筆記形式，這沒有硬性規定的。

表格中的「黏貼處」是一個有意思的留白區域，你可以把各種相關的小紙片貼上去，例如購物明細、電影票或者將現場照片列印出來貼上去，通常我會用「喵喵機」把照片列印出來。

喵喵機就是口袋列印小精靈，價格便宜，耗材也很便宜，列印紙使用的是感熱紙，跟普通的購物明細一樣，使用起來也很方便，手機裡的照片透過藍牙傳給喵喵機就可以列印了。不過它也有缺點，就是感熱紙會褪色，可能只能保留兩、三年，所以重要資訊還是要注意備份。

日期	2018.10.4	
店名	星巴克臻選烘焙工坊	
地點	上海南京西路石門一路口	
特點	一半是店面，另一半是「車間」，咖啡豆在這裡分選、烘焙、包裝，整個過程都是流水生產線操作，很多人圍在周圍看著這些大機器轉動	（黏貼處）
啟發點	打破生產和消費之間無形的牆——透明化	
遷移點	大家看到的是我的書，這是成品，我能不能展現「過程」，例如我是怎麼收集寫書的題材，怎麼做筆記的？	
備註		

　　很多人喜歡用「卡片法」，就是用一張張卡片來累積各種大大小小的素材。在我這裡，卡片就是一本 A5 活頁筆記本。A5 指的是紙的大小規格，A5 紙剛好是 A4 紙的一半，大小適中；活頁筆記本指的是紙的組織形式，活頁筆記本的紙是側邊有打孔的，可以自由拆卸，增加、減少紙張或者調整順序都很方便，因此利用 A5 活頁筆記本搭配喵喵機，就可

以很方便地做筆記卡片了。

　　練習一：下一次逛街或者旅遊時，嘗試寫幾篇筆記，尋找啟發點，並想想怎樣遷移到自己從事的領域中。

　　練習二：想想還有什麼事是可以做筆記的，並實踐之。

第七章
循環
讓才能盤旋而上

用「歸一化」的方式將
資訊和知識結合
每一項都列出關鍵字
並註明可以在哪裡找到它

01

循環的價值

「廢物」不「廢」

　　中國的太湖流域和珠江流域自古就盛行著一種巧妙的農業設施，叫作「桑基魚塘」。桑基魚塘是由桑樹合圍而成的魚塘，先用魚塘塘底的淤泥築高四周的地基，隨之種上桑樹，再用桑葉養蠶，蠶作繭出絲，蠶絲便可製成絲綢，蠶沙倒入魚塘成為魚的食料，魚又讓塘泥肥厚，塘泥又滋養桑樹……這樣的循環讓所有資源都得到充分利用，不僅經濟效益顯著，且具有水土保持、保護環境的功用，是先人的一大發明。

　　據地理學者鐘功甫估算，一畝桑地理想情況下可年產桑葉四千斤，這些桑葉可養的蠶繭約三百二十斤，而以蠶沙餵魚可養魚約三百斤，絲和魚這兩樣產出加起來就是不小的數目，更何況桑基魚塘通常還能兼有種蔬菜、水果，散養雞、鴨等其他副業，所以擁有桑基魚塘的農民比單純種水稻或者甘蔗的農民收入多出三倍以上。

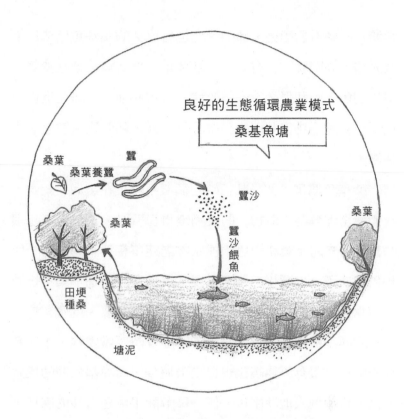

圖 7-1　桑基魚塘的農業模式循環

　　我的家鄉位於太湖南岸的浙江湖州，是桑基魚塘最早的誕生地。二〇一七年十一月，「浙江湖州桑基魚塘系統」被聯合國糧食及農業組織（FAO）認定為全球重要農業文化遺產（Globally Important Agricultural Heritage Systems, GIAHS），現今湖州的南潯、菱湖等地仍保留有大片的桑基

魚塘，而廣東的順德、佛山等地也有悠久的桑基魚塘傳統。
清光緒《高明縣誌》有云：「基種桑，塘蓄魚，桑葉養蠶，
蠶矢飼魚，兩利俱全，十倍於稼。」這些地方的居民世世代
代受益於這一物盡其用的農業生產模式，保其物產豐盛，生
活優渥。

　　桑基魚塘是一個設計巧妙的循環系統，在這個系統中，
我們通常理解為「廢物」的反倒變得很關鍵，正是毫不起眼
的蠶沙聯結起了蠶和魚這兩種原本老死不相往來的動物，使
牠們形成了共生關係。所謂蠶沙，就是蠶寶寶吃下桑葉後產
出的糞便，每一百斤的桑葉被蠶寶寶吃下之後，就會有約六
十斤的蠶沙被排出。大量蠶沙若不能及時妥當處理，不僅會
汙染環境，還有可能讓蠶寶寶染上瘟疫，而桑基魚塘的模式
則是把蠶沙倒入池塘餵魚，便一舉解除了處理蠶沙的麻煩，
而且魚還被餵得肥肥胖胖，可謂一舉兩得。

循環的最簡模式

　　A 與 B 的來回作用構成了循環的最簡模式（如下圖 7-2
左圖），把蠶代入 A，把魚代入 B，桑基魚塘的循環模式便
一目了然：更多的蠶能帶來更多的魚，更多的魚又能帶來更

多的蠶（如下圖 7-2 右圖）。

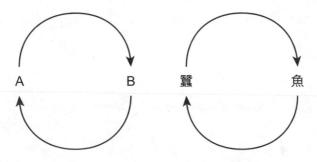

圖 7-2　循環的最簡模式（以桑基魚塘為例）

　　在自然界和人類社會，循環都是最普遍的底層運行模式。地球的水資源在海洋、大氣和陸地之間循環，在任意生態系統中，動物、植物和微生物構築著營養物質的循環，人類發明了一個又一個機器，本質上也都是循環式系統。不勝枚舉的循環模式雖然各自以複雜的面目出現，常常是大循環裡涵蓋很多個小循環，但如果用最簡化的方式來看，循環最基本的不外乎就是這種 A 與 B 的模式，更複雜的循環都是在此之上的疊加和崁入。

　　再舉個例子，混合動力汽車採用汽油和電池兩種動力來源，並同時使用內燃機和馬達來驅動。在起步階段，可以只用電力供能；在常速行駛時，以汽油供能為主；在加速時，

電力用來加碼；而在減速時，多餘的動能可以向電池充電。所以混合動力汽車的電池既可以放電又可使用循環充電，並且全由機器自動完成，無須人工干預。下圖簡要說明了這種循環模式：

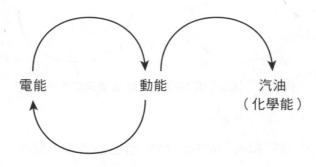

圖 7-3 混合動力汽車的循環最簡模式

循環再設計：「精益」之道

一個需要耗費能源或者物資的系統，不論是汽車、建築或者是別的東西，如果創造或者改良了某種循環，那麼就能達到節約資源、降低成本、提升效能的目的。在世界商業史上，因研究這一問題成名的首推日本的豐田公司。

一九五〇年，豐田公司管理層赴美，參觀福特公司的汽車生產流水線。在這項為期十二週的考察中，他們發現福特

公司名聲顯赫的流水生產線竟然存在著很多問題，尤其是浪費的現象最為嚴重。在其生產車間裡到處可見堆積的零部件和半成品，庫存非常嚴重，這種堆積產生的原因是生產的各個過程並不同步。如果前一個過程運作較快，後一個過程運作較慢，那麼兩個過程之間必定會出現零件堆積，而這之中的問題就在於福特公司認為這種堆積是正常現象，並沒有什麼大不了，可是豐田英二確認為空間占用、資源閒置就是一種浪費。

　　豐田的管理者開始思考一個問題：「怎樣在汽車的生產過程中，盡可能地減少浪費呢？」要回答這個問題，必須進行全流程的整理，從頭到尾整理所有的生產過程，列舉所有可能的浪費，再思考有無解決的良方。

　　在反復的構思和試驗後，基於小量循環的「精益生產」模式便出現了：工人們被分成許多個生產小組，每個小組相對獨立，各自負責一輛車從頭到尾的所有組裝。組內成員分工合作，一臺車裝完了才裝下一臺。反復的流程使每個小組都能高效持續運轉，人手和物資都不會停滯或浪費，而新的生產流程也讓豐田公司後來居上。一九五五年日本產汽車約占世界汽車總產量的百分之一，一九六五年這一比值就達到了約百分之十，一九七五年達到了約百分之二十，至一九八

五年，已接近百分之三十。

「精益生產」是對傳統流水線進行再次設計，後者是粗略的「大循環」，前者是把大循環拆開變成精細的「小循環」，減少了浪費並加快了節奏。所以，精益生產模式是一種更有效率的快速循環模式，後來矽谷的創業者也受其啟發，創造了「精益創業」的方法，並廣泛實踐。

堆放就是浪費，可取用的知識才有價值

在上面這個故事裡最值得玩味的是浪費和設計，有關設計的部分會在下一小節談論。首先，什麼是「浪費」？

在瞭解精益生產之後，我反思了自己關於「浪費」的觀念。飯菜沒吃完就倒掉，這是浪費；買的東西用一次就壞了，這是浪費；明明可以用八十元（人民幣）買到的東西，用一百元（人民幣）去買，這是浪費，而這些都是可見的浪費。可是還有很多不可見的浪費是令我渾然不覺的，其中最嚴重的一種叫「占有而不使用」，也就是說一件東西我明明擁有，但是我去沒有去用，只是放著，這也是浪費。

我是一個書癡，經常會衝動之下購買很多書。看書的速度比不上買書的速度，書就會越積越多，許多書放了三、

四年都還沒翻過，上面還有一層灰塵。書放著不看，占有而不使用，不就是浪費嗎？後來我想辦法讓一部分書進入「循環」，比如主動借給朋友看，或者透過二手平臺轉賣掉，把書交給更需要看的人才是對的，擁有不等於幸福。

造成占有而不使用有一個客觀原因，東西找不到了。如果家裡亂糟糟的，想要某樣東西的時候卻找不到，就是一種浪費，東西只有拿起來使用且不斷地循環才是好的。

其實我們頭腦中的知識也是這樣，單就每一個現代人的知識含量來說是不少的。現今的普通人所擁有的知識比古代的知識份子只多不少，但是大多數人遇到的問題是，知道的東西太雜了，因為我們每天接收的資訊本來就很雜且不成體系，又由於它們來自不同的管道，所以散落在各處。我們的知識並沒有好好地保管和整理，這造成的結果就是：我們的已知變得很難提取。

很多時候我們會有這樣的體驗，這個東西我聽說過或者知道，但是只留下模糊的印象，想找相關的資料又找不到了。怎麼辦呢？對於這個問題，我專門請教了一位朋友葉驥，他說：「一件資訊，尤其是虛擬的，只使用一種邏輯來分類，只放在一個明確的地方，學久了人自然而然都會這麼做。」

什麼意思呢？我們需要用「歸一化」的方法，把資訊和

知識聚集在一起。你需要建立一個「總索引」，把你涉獵的所有有價值的資訊，包括讀過的書、沉睡在各個網路平臺我的最愛裡的文章、影片、心得筆記、一閃而過的靈感和創意以及各種事件之後的反思等，都編入同一個索引中，每一項內容都要列出關鍵字，並且注明「可以在哪裡找到它」。

這個過程本身就是在對大腦進行脈絡整理，你能去粗取精，學會分辨資訊的價值高低，對那些並不那麼重要的東西，只要扔掉即可，留下你覺得有價值的東西。這個總索引的具體形式你可以自己選擇，可以存放在紙質筆記本裡也可以用 Excel 表格，或者筆記軟體等工具，這取決於你的習慣。

當你得到一個東西時，這樣東西還不完全是你的，你只是把它從某一處挪到了另一處，只有當你使用它時，它才是你的──這是一個很有意思的想法，具有一點點顛覆性，但是你很難駁倒這個想法。

只有當一個東西被使用了，它才能進入循環：「使用─存放─使用─存放……」不然它的命運就是：「存放……」然後在某次整理過程中被拋棄。

我在開始準備寫這本書的時候經歷了一個非常痛苦的過程。因為我知道要講述這樣宏大而深刻的主題，便需要使用不同學科、不同領域非常多的知識，而它們就像是待在各自

平行宇宙中遙遠孤寂的星球，我需要把它們從自己的宇宙中提取出來，創造出一個新的、屬於我的小宇宙。如果說我之前大量廣泛的閱讀都是不計後果的輸入，那麼在此刻，我必須把一切都和盤托出。

　　但是最讓我惶恐的一點是，我知道我是無知的。我的待讀書單永遠有幾百本之多，我有太多有趣鮮活的知識要去瞭解，而我永遠都不可能變得不無知，「以有涯隨無涯，殆矣！」

　　在不知多少次的思索與掙扎之後，我突然「認命」了，我想，與其因自己的無知而惶恐，不如因自己的無知而鎮定。我需要做的是搞清楚自己到底知道了多少東西，尤其是那些我真正確信的東西，把這些所擁有的以一種合乎邏輯的方式呈現出來，我就問心無愧了。於是我把我知道的、與這本書主題有關的一切都寫了下來，一筆一畫地寫在一張白紙上，每一則知識都以關鍵字的方式占據一行。寫著寫著一張紙不夠了，我又拿了一張，再一張……就這樣寫了一疊。我寫下來的東西遠遠超過我的預期，此時我就像一個滿載而歸的獵人：「原來你們都躲在我大腦的一個個小角落裡啊，總算被我抓出來了！」

　　我覺得我可以了，我可以把我已經知道的那麼一點點知

識進入循環，開始運轉了。

　　「讀書如豪飲，寫作當如身臨險境。」這是我的微信簽名檔，也是我內心的真實寫照。

02

用精巧的循環設計改造學習

除了何為浪費之外，另一個引起我深思的問題是：什麼東西是可以「設計」的？

組合異質元素，構造有效循環

大眾通常理解的「設計」是偏狹義的概念，以為「設計」是「設計師」才要做的事，但其實設計是人人可以為之的事。不只存在平面設計師、交互設計師、建築設計師、室內設計師這樣的傳統職業，也有學習設計師、生活設計師、旅行設計師這樣的新選項，如果你願意，你可以設計任何東西，不僅是實物，也可以是方法和流程。

做每一件事都有方法，通常我們做事的方法是沿用前人的設計。前人設計的方法能沿用下來，當然是有道理的，但這並不意味著一定要墨守成規，我們可以創造出新的方法來。生產的流程可以設計，別的流程也可以設計。

　　我在前作《精進思維》中介紹過王雲五，他為了提升英語寫作水準設計了一種很巧妙的方法，就是先找到一篇英文的範文佳作翻譯成中文後，間隔一週再拿出來翻回英文，然後再把自己的英文翻譯跟原文進行對照，這樣一對比之後，自己寫作中的各種問題就暴露出來了。這是一種無師自通之術，以書本為鏡，以翻譯為舟楫，取得了很好的學習效果。如果你細心一點的話就會發現，王雲五的方法基本上也是一種循環：

中文　　　　英文

圖 7-4　王雲五的翻譯練習循環

　　王雲五的方法不是特例，還有別的高手也與他英雄所見略同。愛德華・吉朋（Edward Gibbon）是英國著名的歷史學家，他用一生的時間寫出了一套皇皇巨著《羅馬帝國衰亡史》。做歷史研究需要閱讀大量史料，史料的語種又各異，

因此掌握多門語言是吉朋青年時期要攻克的一道難關。

他採取了一種跟王雲五類似的方法，在兩種語言之間來回翻譯。他會把古羅馬學者西塞羅的一封信從拉丁文翻譯成法文，翻譯後放到一旁，等到原文的詞句完全忘記後再翻譯成拉丁文，再把自己的譯文跟西塞羅的原文逐字逐句地對照，以找出自己在拉丁文上的問題。反過來，他會把一本法文的歷史著作摘選幾頁出來，翻譯成拉丁文，隔了一段時間後再翻譯回法文。

要知道，吉朋的母語是英文，法文和拉丁文是他的「一外」和「二外」，他把兩門外語來回翻譯比較，有著同時提升兩門外語的效果，真是一石二鳥。用這種方法苦練了八個月以後，他基本上精通了這兩門語言，用我的模型來概括，他的方法就是這樣的循環：

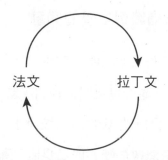

圖 7-5　吉朋對拉丁文與法文的翻譯循環

　　思考上面兩個例子，中文和英文是兩種不同的語言，它們是異質的；法文和拉丁文也是兩種不同的語言，它們也是異質的。但是學習者透過自己的設計把兩件異質的東西組合在一起，建構了一個循環，就像桑基魚塘一樣，發揮了普通學習方法難以企及的效果，非常值得我們思考和借鑑。

　　這裡做個小注解。在這個章節裡所談的組合跟之前的章節不太一樣。之前講的組合主要是「靜態組合」，比如一支鉛筆，石墨模型和木製外殼的組合是靜態的，它們不會相互影響；而這裡說的組合是「動態組合」，組合的要素在一個動態結構裡，要素之間會相互影響，更加有意思。放在學習這種特定的場景裡，那就是要想如何把學習相關的元素組合成一個有效的循環。

吸收與構造：透過範例自學的關鍵

　　我們來具體分析這個問題。「學習」這件事情通常涉及三方要素：學習者、老師以及學習資料。當一個人成年以後，自學的比重大大增加，老師的角色被淡化，當然如果有良師指點，學習效果當然會很好，但是良師是稀缺資源，並不是大多數人可以獲得的。而如果真的沒有良師，那麼學習者就

要思考如何設計學習活動，怎樣彌補缺少良師的遺憾。簡單來講，就是思考如何讓「我」和學習資料能更好地互動。

　　理想情況下，「我」和學習資料之間應該形成一個有效的循環，就像前面所舉的王雲五和吉朋的例子。我們需要思考的是，是否存在著一種通用方法，可以幫助學習者和學習資料建立循環，不僅可以用來學外語，還能學習任意一門知識或者技能呢？請看下圖 7-6：

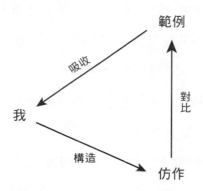

圖 7-6　範例循環模型

　　我把這個方法稱為「範例循環模型」。學習的第一步是挑選最好的學習資料，一定要去找這個領域裡的大師級人物，把他們的作品作為首選的學習資料，大師之作就是你學習和模仿的範例。

　　然後你要做兩件事，一是「吸收」，二是「構造」。「吸收」意味著你要真正理解範例，體會它的妙處，如果能看到深層的結構或規律是最好不過的；「構造」意味著你要輸出，在理解範例的基礎上創造出仿作。有了仿作以後，你就可以把仿作和範例相對比，這種對比能讓你很直觀地看到自己和大師之間的差距。對比之後，你對範例的理解會變得更加全面和深刻，也就是說你能更好地「吸收」了，相對的你的「構造」能力也會增強，這就形成了一個正向循環。這個模型應該對大多數領域的學習都是適用的，其中書法的學習就非常符合這個模型。

　　中國的書法藝術歷史悠久，輝煌燦爛。古代讀書人都要長期鑽研書法藝術，因而在書法學習上累積了非常豐富的經驗。學書法最常見的方法是以下這四種：

1. 讀帖：對書法字帖多加揣摩，仔細觀察、分析，但是自己並不動筆。

2. 影摹：把半透明的紙覆蓋在字帖上映出字影，習字者照著影子一五一十地摹寫。一邊寫的時候一邊能揣摩字的筆法、結構，比單純看字印象更為深刻，所察覺到的細節也更多。

3. 對臨：把字帖放在面前，同時另外拿出一張紙邊看邊

寫，這種臨寫跟影摹相比自由度更大一些，但也是一邊觀察一邊書寫的方式。

4. 背臨：觀察一遍字帖之後，把字帖合上，以「默寫」的方式把原字寫出。觀察和書寫分隔開來「背靠背」，對學習者來說就有更大的挑戰。

這四種方法，難度依次遞增，按照循序漸進、先易後難的原則，也應該逐次使用。先學會讀帖，掌握欣賞書法的要領，能體會到妙處，然後影摹，亦步亦趨地練習書寫；影摹到一定程度後再嘗試對臨，然後才是背臨。但是很多書法初學者不知道這一道理，一開始就對臨，以為只有對臨這一種方法，可是臨來臨去，跟範本相距甚遠，便沒有了信心，放棄了學習。

如果用「範例循環模型」去理解書法的四個學習方法，能看出它們在學習效果上的具體差異，如表 7-1 所示：

表 **7-1**　用範例循環模型理解書法學習的方法

	對「吸收」能力的訓練	對「構造」能力的訓練
讀帖	中	X
影摹	強	弱
對臨	中	中
背臨	弱	強

　　在這四種方法中，單用讀帖的方法肯定是不行的，因為光看不寫肯定寫不好，沒有這樣的天才。而背臨法需要一定的基礎，應該是「吸收」得差不多了，範帖的妙處都已經領會在心了，胸有成竹了才去寫，效果才會好，這是「更上一層樓」的訓練方法。

　　介於這之間，也是最常用的是影摹和對臨兩種方法。影摹強在吸收範帖的精華，對臨旨在幫助寫字者逐漸擺脫拐杖，培養構造能力，兩種方法其實是有互補性的。

　　當代書法大家啟功建議把這兩種方法交替練習：選定一個範字，第一次對臨，第二次影摹，影摹的作用是先做一次調查研究，把範字的每一筆劃以及筆劃間的關係看清楚、看準確，第三次再對臨。第三次對臨寫出的字應該能比第一次的字明顯進步，是因為插入了影摹的過程。

　　那麼一字三回之後呢？你可以選擇練另外一個字，也可以跟原本的字繼續交替練習。所以啟功的方法，實際上是把兩種常規方法加以組合，構成了一種循環：

圖 **7-7**　啟功的交替練習法

理解刻意練習的核心內涵

　　那麼可能有人會問，既然影摹和對臨已經有了互補的效果，那麼用這兩個方法就可以了，為什麼還要透過背臨來進一步提升呢？背臨這個方法，如果用心理學的術語來講，是訓練你的「心理表徵」。

　　什麼是心理表徵？簡單說，心理表徵就是現實中某件事物在大腦中所呈現的樣貌。刻意練習理論的提出者、心理學家安德斯・艾瑞克森（Anders Ericsson）說：「心理表徵是一種與我們大腦正在思考的某個物體、某個觀點、某些資訊或者任何事物相對應的心理結構，可以是具體的，也可以是抽象的。」

　　舉個例子，大家應該都有看過算盤。現在請你在腦中想

像一個算盤，這個想像中的算盤就是一種心理表徵。當然由於我們沒有經過專門的訓練，所以這個算盤的表徵在我們腦中是比較模糊的，不夠清晰、鮮明。但是有些孩子小時候接受過「珠心算」的訓練，他們可以在腦子裡用想像的算盤來計算，訓練使他們頭腦中的算盤表徵異常清晰而穩定。

　　寫毛筆字也是這樣，書法的初學者關於字的心理表徵是模糊、不穩定的，經過反復訓練才能漸漸建立起來。那麼背臨就是強化範字之心理表徵的方法，如果習字者是看著字帖臨字（即對臨），那麼他是在依靠眼前的「視覺表徵」來把字寫好看；只有當字帖被蓋住時，他才能借助腦中的「心理表徵」來把字寫得好看，他必須讓心理表徵足夠清晰、準確，才能把字寫好。

　　再說說籃球。對於高水準的籃球運動員來說，即便他投籃的時候閉眼睛都能有很高的命中率，是因為在他閉眼的時候，他大腦中關於當下場景的心理表徵在幫助他「瞄準」，他能依靠想像而不是雙眼來估測籃筐的方位以及感知自己的姿態和動作。籃球之神麥可‧喬丹有時候會在比賽中閉眼罰球，真是藝高人膽大。

　　我曾看過一段喬丹親自講解的籃球教學影片。喬丹說：「練習罰球的最好方法就是閉上眼睛。」喬丹的這種訓練方

法分為兩步：第一步就是按照尋常的方式在罰球線上站好，調整姿勢，然後睜著眼睛把球投出；第二步，同樣調整好姿勢，然後把眼睛閉上，再把球投出去。

為什麼在閉眼投球之前需要先睜開眼睛投一次呢？以下是我的分析：

第一步睜眼投球的作用是再一次強化眼前的視覺資訊，到第二步閉眼投球時，投籃者能盡力讓腦中的心理表徵模仿之前的視覺印象。這跟我之前的「範例循環模型」很相似，第一步發揮了吸收「視覺場景資訊」的作用，第二步的作用則是構造「場景心理表徵」，交替採用兩種投籃方式讓「吸收」和「構造」形成了互相加強的循環。回顧一下剛才講的啟功交替臨摹方法，兩者在結構上竟然非常相似。

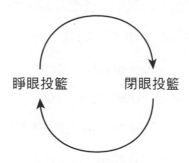

睜眼投籃　　　　閉眼投籃

圖 **7-8**　喬丹的罰球訓練技巧

　　在這裡需要稍微解釋一點，球員為了在正式比賽中有上好的表現，在訓練中必須盡可能挑戰高難度，因此許多訓練方法不會在正式比賽中複現。喬丹敢在正式比賽中「任性」地閉眼投籃，絕大多數球員可不會這麼做，但這並不表明他們在訓練中不會使用閉眼投籃的訓練技巧。就像在籃球的運球訓練中，經常會採用雙手同時拍雙球的訓練方式，比賽中當然不會出現兩個籃球，但是雙球訓練對於訓練運球熟悉度確實是非常有效的，而這些訓練方法都可以用心理學中的「刻意練習」理論來解釋。

　　艾瑞克森曾經花了數十年時間研究、調查了許多在各自領域達到頂尖水準的人，包括國際象棋大師、擅長不同樂器的音樂家、世界級水準的運動員等，然後發現了一個共同點：這些人在漫長的成才過程中，他們接受的訓練方式具有某種共通性，於是發明了一個概念來概括——「刻意練習」。

　　刻意練習（deliberate practice）的定義是，在明確的目標下，透過重複和專注的精細活動，不斷地突破現有表現的練習。這個概念我們千萬不要望文生義，因為「刻意」在現代用語裡有一定的貶義，有彆扭、不自然、故意為之的意思，實際上英文原詞並不包含這層意思。

　　更貼切來說，deliberate practice 應該譯為「精深練習」，

不過好在在古代漢語中，「刻意」一詞有刻意求精、用盡心思的意思。《文心雕龍》有云：「才穎之士，刻意學文」，意思是說，有才華而聰穎的人，會刻苦用心地學習文化。「刻意」在古代還有一個意思是克制自己的意志，嚴格要求自己，《莊子》裡有「刻意尚行」之說，意思是克制自己的意志，做出高尚的言行。所以如果從古文的角度去理解，那麼用「刻意練習」來表示 deliberate practice 竟然還比較貼切。

根據艾瑞克森的理論，刻意練習至少需要包含下面四個特徵：

1. 有定義明確的具體目標。

2. 講求專注，全身心投入。

3. 需要即時的意見回饋。

4. 努力跨出舒適圈，尋求有難度的挑戰。

如果你現在正在努力地提升自己，那麼你可以把自己行動的方式用這四個標準來對照，看是不是符合。如果有不符合之處，那麼你需要好好審視一下，看是否能改進現在的方法。

在我看來，艾瑞克森的理論是令人信服的，但是也存在著操作性不足的問題。就拿「回饋」這個點來說，訓練需要回饋，這個我們現在知道了，但是怎樣才能有回饋呢？艾瑞

克森並沒有給出特別好的答案，那麼在我這一章的內容算是給出了必要的補充。

我們完全可以透過要素組合的方法構造出某種循環，王雲五、吉朋的方式，是對範例進行改造後進行再構建，啟功、喬丹的方法是交替進行兩種不同的訓練形成互補的效果，這些方式都能幫助學習獲得更好、更強的回饋。

正如我前面在分析精益生產時所分析的，任何東西都是可以設計的，包括流程、方法。就學習這件事來說，由於不同學科、領域的差異實在太大，可謂千差萬別，所以給出一種萬能且可以直接上手的訓練方法是不可能的，但是至少大家可以以我的「範例循環模型」為底子，結合各自領域的特點來自己設計學習和訓練的方法。

03

走穩能力的臺階，需循序漸進

基本功訓練不可或缺

　　我猜測很多人還會有一個疑問：為什麼依照範例來模仿是值得推崇的學習方式呢？難道不應該鼓勵學習者自由發揮，充分發揮自己的創造性嗎？

　　自由發揮當然需要，但是這是以紮實的基本功為前提，沒有基本功的自由發揮是沒有意義的。世界上「沒有」一個天才能越過規範性學習的階段，直接進入自由的高級階段，當你的基本功打得足夠紮實，當你已經從大師身上學到了足夠多的東西以後，當然可以推陳出新，去發揮創造力。但是在此之前，你必須依循規矩學習，老老實實地模仿，紮紮實實地訓練。

　　當代書法家費新我是少見的左筆書法家，他用左手寫毛筆字，出神入化，獨具風韻，享譽海內外，可費新我之所以用左筆書寫並非天生也非自願，而是不得已為之。不論是

書法還是國畫,早先他都是用右筆創作,也都已經有很高成就,可是沒想到五十六歲那年,右手腕結核病發作,讓他無法持筆。要就此作罷嗎?他不情願,不情願服輸,決定用左手。可是他之前從來沒有訓練過自己的左手,所以換手之後,可以說幾乎是從頭練起,一開始連把線條畫直都做不到。經過十數年艱苦的訓練之後,他終於練成了神乎其神的左手書法,可以這麼說,別的書法家走過的漫漫長路,他竟然走了兩遍。

他在一本自述中寫道,前人說治藝要「先作繭自縛(循規蹈矩),次蛻化(醞釀自己面目),然後破繭(突破成法)傳代(留給後人看)」,他是同意這個觀點的。更具體的說,他歸納了習字的三個階段,分別是專一、廣博和脫化。

「專一」指的是先「專臨一碑一帖或一家」,把用筆跟結構上的規律找出來,深刻領悟;「廣博」是說多多觀摩各種碑帖,拓展視野,兼收並蓄;「脫化」就是把前人的東西消化得差不多了以後,形成自己的東西,「脫化為自己的面貌」。

這三階段的觀點如果當初講給著名作家汪曾祺聽,他也應該同意。他曾在〈談風格〉一文中寫道:「一個作家形成自己的風格大體要經過三個階段:一、摹仿;二、擺脫;三、

自成一家。」汪曾祺是沈從文的學生，他一開始跟著沈從文學寫作，是刻意模仿，直到三十歲以後，才努力擺脫，形成自己的風格。我想，如果沒有之前十多年的模仿之功，後面自創一格也是不可能的。

所以我覺得對大多數人來說，採用模仿式的學習，特別是以大師的作品為範本進行模仿式的學習，怎麼強調都不為過。這裡我必須重申向大師學習的重要性，一流高手和二、三、四流選手的差別是非常大的，這不僅僅是「好」與「更好」的差別，而且是「對」跟「錯」的差別。

一個平常高手之所以沒有成為大師，往往是因為他身上有一些自己無法覺察的錯誤或者局限性，這些錯誤或局限性作為新手是無法識別的。所以如果你只是跟二、三、四流的選手去學，而沒有跟大師去學，實際上就是把這些人的錯誤和局限也一起學走了，同時你很可能會毫無覺察，這是非常危險的。

從限制到自由，從新手到專家

在心理學界裡，有一個著名的德雷福斯模型（Dreyfus model of skill acquisition），它是由心理學家德雷福斯兄弟共

同提出的。這個模型描繪了從新手（novice）到專家（expert）

五個階段的變化歷程，簡單講可以概括為從限制到自由的轉

變，與費新我、汪曾祺的觀點頗有相似之處。

表 7-2 德雷福斯模型的五階段變化

類型	特性
新手 （novice）	(1) 嚴格遵照既定的規則和計畫 (2) 很少察覺情境因素 (3) 無法自行決定
高級新手 （advanced beginner）	(1) 按照不同情形下的導引行動 (2) 少許考量情境因素 (3) 不區別對待任務中不同特性和組成的重要性
勝任者 （competent）	(1) 能處理繁重的任務 (2) 採取行動時能部分兼顧長期目標 (3) 能有意識地制訂細密的計畫 (4) 在標準化和常規性的程式下工作
精通者 （proficient）	(1) 能從全局的角度看待問題，而不是分離式的 (2) 能發現問題中最重要的部分 (3) 能覺察到常規模式之外的特殊變化 (4) 能根據情形的變化靈活使用指引來工作
專家 （expert）	(1) 不再依賴規則、指引和準則工作 (2) 能直覺性地對情形進行深入理解 (3) 僅對新異的問題採取分析式手法 (4) 具備洞察「其他可能性」的視野

　　看一下表格中對第五階段「專家」的描述：「不再依賴規則、指引和準則工作」，這是什麼意思呢？其實就是金庸小說中描繪的「無招勝有招」。一個頂級高手不用再遵循什麼固定的招式，而是自由、流暢、因時因地發揮就可以了，李小龍對武術的理解就是如此：

　　「如果一個人心存偏見，或者執迷於某種固定的招式，他就不能充分、完整地表達自己。實戰的『情形』是完整的，它包括那些在場和不在場的因素，它沒有偏好的線條、角度，不存在邊界，總是充滿活力和生命力。」

　　「截拳道不應該受僵化的招式和技術所制約；具備適應環境的精神；滌除在我們身上累積的所有塵埃，揭示自然存在的現實或實在性，或者赤裸的真相，它等同於佛教裡『空』的概念。」

　　把李小龍的這兩段話跟德雷福斯模型中「專家」的描述相對照，我們能發現驚人的相似性。心理學家的研究是基於實證和統計的方法，而像李小龍這樣的人物則有賴於長期的訓練和天才的直覺，當你發現某一個觀點在這兩種截然不同的知識路徑中都得到了驗證時，我們便可心服口服。

　　但是，千萬不要因為對這個最高境界心馳神往而妄圖一步登天，以為可以走捷徑一下子就越過前面的階段。要想登頂最後階段，前面規則化、模仿式的學習是不可缺的，不然根基不穩，必定塌方。而要打下足夠穩固的根基，就絕不能忘記本章反復談及的主題——循環。

　　透過循環，讓自己進行高效能的學習，是最可行的通往巔峰的方法。

心智練習：替本書寫一篇續章

有一次我的朋友陳海賢在微信跟我討論有關創作的話題。他是一位創作者，我也是一位創作者，而且我們都是以非常嚴肅的態度對待創作的人，所以我們經常會陷入痛苦中──因為寫東西太難了。

不過那次海賢對我說的話著實讓人受到鼓舞，他說：「內容創造的好處是，我們還能從自己的作品裡看到自己的限制。而大部分人呢，其實連自己的限制在哪裡也看不到。」

在寫作的過程中，我能真真切切地看到自己的限制，感慨自己的無知，而這種感受其實於我是最寶貴的禮物。在多年以前，我還根本沒想過寫書這件事，我也看書，但是看完以後我不會覺察到自己的無知，反而是越看越覺得自己懂得很多、很厲害了，會誇誇其談了。但是直到我開始寫書的時候，我才發現自己有如此多的不足，所以「書到用時方恨少」，我理解這句話是在三十歲以後了。

知道自己的不足就要拚命去補上，所以這就刺激著我不斷去看更多的書，開拓自己的認知邊界。如果說看書只是單箭頭、是一往無前的直線，那麼看書和寫書則構成了一個往復的循環，而我深深地受益於這個循環。

　　我知道有些人讀書還是很勤奮的，讀完一本書會積極做筆記、寫心得、寫書評，但是他們沒有意識到的一點是，筆記也好、書評也好，本質上只是重複，從「構造」能力的培養上來看，這樣是不夠的。所以不如更進一步，讀完一本書之後，自己來進行後續創作，讓自己從純粹的讀者也變成一個「寫書者」。

　　我的這本書分為八章，每章一個主題，也許你可以續寫下去，寫出第九章。你需要在這八個主題之外再選擇一個主題，並且仔細拆解和分析我的寫法，然後模仿我的寫法來寫出第九章。當然很可能你寫的這一章不會發表、不會出版，它只是一個練習，但是透過這個練習，你能夠真實地感受到「讀書＋寫書」這個循環的力量。

　　練習一：基於對《翻轉思維》內容和寫法的分析，續寫出第九章。

　　練習二：另選一本自己感興趣的好書，仔細讀完後續寫一章。

第八章
完美

精進者臻於至善

雖然這個世界是如此紛繁複雜，
但是仍舊有一些簡潔而普適的規律
是我們可以洞察和把握的。

01

穩定性：完美的基石

用系統思維理解穩定性

　　第一次拿起反曲弓射箭，我跟絕大多數的初學者一樣，急於證明自己可以射中靶心。一組箭有十二支，第一組射下來，我就中了兩個靶心，得意得不得了，似乎忘了另有兩支射了在靶的外面，連一分都沒拿到。射第二組箭之前，我幫自己訂立的目標是三個十分，結果只中了一個，因此我有點氣急懊惱，怎麼就退步了呢？

　　射箭場的教練直搖頭：「不要管你射中幾分，重要的是穩定性。」她看著我，就像看一隻第一次摸到方向盤準備開車的猴子。她告訴我，學習射箭的第一步不是研究怎麼把箭射出去，而是盡力把姿勢做到標準。比如兩隻腳要一前一後平行站立，人的身體要側身，腰部筆直，脖子也要跟著挺直，再是推弓、勾弦、靠位，都很有講究，如果一個細節沒到位，姿勢就「不標準」了。

　　然後我發現在射箭裡，最神奇的是「靠位」這個動作，當你用右手把弦拉開之後，你會想應該拉到什麼地步呢？肯定不是隨意的，得有一個標準，這個標準就是靠位。按照教練的指示，我需要把弦碰到自己的鼻尖，同時勾弦的右手應該正好碰到下巴下方貼著，這才是靠位，鼻尖和下巴就是靠位的參照點。

　　為什麼要用臉上的部位作為參照點呢？我思考了一下，射箭是手與眼的協調，眼睛負責瞄準，手負責射出箭矢，但是手跟眼的位置關係是不固定的，那麼什麼樣的位置關係是最穩定的呢？就在我們的臉上。臉上的各個器官並不會在臉上移來移去，尤其眼睛跟鼻尖的位置關係是固定的。所以當我每次都把弦搭在鼻尖，且每次都把右手搭在下巴的某個點時，也就是意味著手與眼的相對位置也保持了一致。這就是為什麼要用臉上的部位來定位，而不能用脖子以下的部位，因為脖子能自由轉動，脖子以下的部位（比如鎖骨的位置）就無法作為參照點。

　　一個好的射手並不是以射中一、兩次靶心為目標，而是以幾乎每次都射中靶心為目標，這兩者有本質的差別。實現前一種目標靠的是運氣，實現後一種目標靠的是穩定的系統，而這個系統包括了弓、箭以及你的身體，乃至神志，甚

至還有鞋子、衣服。美國射箭運動員布雷迪・埃利森（Brady Ellison）建議，射箭時應該穿上厚底的平底鞋來減少身體的前後晃動，普通的運動鞋是不適合的，對他來說，每一個可能影響穩定性的干擾因素都應該排除，變數要越少越好。

　　所以射箭的基本功是塑造穩定的體態和動作，當你能夠像一座雕塑一樣每次都保持完全相同的姿勢時，你才有可能持續命中靶心，甚至可以理解為射箭者的身體也是弓的一部分，射箭者與弓共同構成了一個力學系統，只有當這個系統的各個部件協調而穩固時，它才有可能使出準確、恰當的力，把箭穩穩當當地射出去——一個好的射手，就是一張好弓。

　　不瞭解射箭的人以為射箭是用眼睛去瞄準，而學過射箭以後你就能明白，除了眼睛之外，你還要用身體去瞄準。當德國哲學家奧根・赫立格爾拜在日本弓道大師阿波研造門下時，他不會料想到隨後的學藝之路是如此漫長而艱辛。

　　第一年，赫立格爾只是訓練了拉弓而沒有放箭。在拉弓時，大師讓他著重訓練自己的呼吸。呼吸是有節奏的，在做每一個動作時都保持著相同模式：「每個步驟都始於呼氣，然後將氣屏在腹部，最後呼出。」訓練呼吸的重要性不言而喻，因為人在呼吸時軀幹是有起伏的，在這起伏之間，身形和動作就會失去穩定性，所以控制好呼吸是射好箭的前提。

　　一年以後，阿波研造才開始教赫立格爾放箭，放箭最難的地方是持箭手指鬆開的那一瞬間，在這一瞬間，強烈的張力突然釋放，弦跟手指很可能因震動而碰撞，影響了穩定性，導致方向偏離。就這麼一個小小的動作，赫立格爾練了好幾個月都沒有練好，而練不好又導致心急，就越發困難了。

　　有一天，阿波研造讓他想像嬰兒是怎麼拿東西的，嬰兒只顧抓與放，而不會東想西想，所以嬰兒的動作是乾脆俐落的，沒有絲毫的震動，所以放箭的這一瞬間，只要像嬰兒一樣把手鬆開就行了。阿波研造還說，一定要射中靶心的執念以及強烈的勝負心都是射箭的障礙，因為這些想法都是擾亂穩定性的雜念。如果射箭者的念頭一直在起伏不定，那麼他的身形和動作一定也會有所波動，穩定性也無從談起。

　　所以，在弓道大師阿波研造眼裡，射箭訓練中最重要的部分已經不是姿勢和動作了，而是呼吸、意念這些更易被人忽視的地方。固然把姿勢做到標準能保證基本穩定度，但是往上一層，也就是追求更嚴格的穩定度的話，就必須涉及呼吸和意念的練習，而這些恰恰是我們大多數人的意識盲區。

　　射箭這項運動的原理可以用基本的物理學和幾何學來解釋，射箭者的動作上哪怕只有一公釐的波動，由於距離的放大，當箭飛達箭靶時，就會造成幾公分甚至更大的誤差。但

是就波動本身來說，又是身與心共同作用的結果，因此身的
訓練和心的訓練，兩者缺一不可。

你必須掌握的「標準動作」是什麼？

　　如果弄懂了射箭，你再去看別的事情，就會發現萬物同
理。以籃球為例，投籃跟射箭其實也是差不多的，都需要瞄
準、射出，而要達到高命中率，都依賴於你身體和動作的穩
定性。

　　投籃時的手部動作是有標準的，比如以三指抓握籃球，
掌心與球不接觸，手肘關節呈近九十度垂直等等。球員在投
籃訓練時，都會力求每一次的投籃動作都像同一個範本裡出
來的那樣，保持不變。

　　除了手部動作之外，將身體姿勢標準化也能提高命中
率。很多 NBA 球星習慣側身投籃，側身的意思是持球的身
體一側離籃筐更近，而不是以軀幹正對籃筐。「甜瓜男孩」
卡梅羅・安東尼（Carmelo Anthony）在一段教學影片中示範
了他標誌性的側身投籃，他能做到持球一側的手肘、肩膀和
髖關節這三個部位保持在同一條直線上。這意味著在他把球
拋出去的一瞬間，不太可能有偏左或者偏右的不穩定力道出

現，整個身形就像一把弓一樣，把籃球像箭一樣精準地射出去。所以，一個好的籃球射手，也是一把好弓。

如果要成為籃球場上的神射手，前提是運動員必須要先訓練好自己的投籃姿勢，讓自己的身形和動作變得標準和穩定。如果一拿到球就站在三分線外亂投，稍微投中幾個就揚揚得意，是永遠都無法成為一個好射手的。

射箭場和籃球場的道理，放在別的地方也是一樣。今天這個時代，我們太注重做一件事的結果，急於求成的心態就像被一塊紅布蒙住了雙眼。如果我們眼中只有要實現的目標、只有 KPI（關鍵績效指標）、只有要達到的數字，那麼我們無法真正思考一件事情內在的運行邏輯，會忘記做好一件事應該打下什麼樣的基礎。如同射箭時，若只知道靶子是目標，分數是 KPI，然後就拚了命去瞄準、去射，而沒想到要規範自己的姿勢，結果如何呢？

所以要把一件事情做好最基本的要求就是穩定性，想辦法做到每一次出手都能拿到八十分以上，而不是一下子一百分，一下子三十分。有了穩定性以後，再去追求更出色的發揮，才成為可能。

我知道大多數優秀的作家都是在很有規律的作息下寫作的，雖然他們不需要上班打卡，時間全由自己安排，但是他

們有很強的自律性。有些人習慣上午寫作，有些人習慣深夜寫作，不管習慣如何，到了特定的時間，他們都會坐在自己的書桌前。對他們來說，創作的靈感並非天賜之物，也並非玄奧不可捉摸，他們就像一臺咖啡機一樣，只要恪守崗位，就能讓引人興奮之物汩汩而出。

再想想柯比‧布萊恩，NBA 歷史上最強大的得分手之一，為什麼在他的職業生涯中，不論取得什麼傲人的成就，他都會堅持異常嚴格的訓練呢？一個最大牌的球星為什麼要比球隊裡的小弟們更加勤奮呢？也就是說，在這個世界上，最好的射手跟最好的作家一樣，他們都非常穩定，十年如一日地每天從相同的時間開始工作，非常專注地持續數個小時，毫不懈怠。

雖然每一場比賽都是不同的，正如每一篇作品都是不同的一樣，但是他們的鬥志、信念和技術水準卻是始終如一。如果說非凡的人物真的跟普通人有什麼區別的話，那就是普通人常常「游移不定」（你可以從任意角度來理解這個詞，比如興趣、目標、行動等），而非凡的人物「穩如磐石」。

02

做對自己嚴苛的觀察者和批評家

在我寫這本書的時候，我遇到了無數次「卡殼」的情況。如果說寫一篇普通篇幅的文章像是跑一千公尺的話，那麼寫一本書就像跑馬拉松，與其說它需要速度上的天賦，不如說它就是在考驗耐力，就是在考驗我有沒有強大的內心來克服丟盔棄甲、落荒而逃的衝動。我非常清楚，我寫下的每一句話都不是什麼雋語箴言，我的才能是如此有限，我的知識是如此微渺，但是我必須穩定地寫下去。每天從早到晚，沒有休息日、沒有假期。每當我思考中斷時，我會一遍又一遍地讀我已經寫下的文字，試著調整我的思考方式，去思索還沒有談到的角度，去尋找更有代表性的案例，於是便又繼續寫了下去。

絕大多數的寫作者不會把自己創作剛完成的稿子拿出來發表，他們會反反復復地修改。威廉·金瑟的《非虛構寫作指南》是一本討論寫作非常好的書，他說，寫作是非常艱難的，而寫作者最好的武器就是修改。

　　一遍遍地修改，刪除廢話，增加吸引人的素材，並且從第一句話開始就想辦法把讀者緊緊勾住。在這個過程中，最大的錯誤就是希望自己一開始就做得完美，初稿一定是糟糕的，但是在修改的過程中，如果你願意嚴肅地甚至嚴苛地對待自己的作品的話，那一定能越改越好，在這個方面做得最「絕」的可能要數俄羅斯小說家果戈里了。

　　他說寫作的第一步就是「把所想到的一切都不假思索地寫下來」，寫得差沒關係。然後呢，然後把它忘掉！等過了一、兩個月甚至更久之後，再把稿子拿出來讀一遍，這個時候你會發現有些地方寫得不太理想，有些地方多了，有些地方少了，順勢就可以改一遍，直到覺得沒有地方可以改了，就又把稿子收起來、忘掉，去做別的事情，旅行也可以。又過了一、兩個月，果戈里又再一次拿出稿子，又發現一些寫得不夠好的地方，就可以再改一遍。

　　如此改改停停，果戈里會重複幾遍呢？八遍。

　　果戈里覺得改八遍差不多是可以讓自己滿意的次數，當然也會出現無論怎麼改都不滿意的情況，這時果戈里會選擇一把火把稿紙燒掉。這對於一個作家來說是一個殘酷的時刻，我甚至會想，當他看著自己的心血化為灰燼時，他的內心想法是怎樣的。但是，這也就是果戈里之所以成為果戈里，

而不是別的什麼人的原因吧。

　　無怪乎果戈里的傳記作者維列薩耶夫感慨道：「天才與庸才的區別，與其說在於天賦，不如說在於對自己的嚴厲無情，在於不滿足渺小成就，在於永不減弱、不達完美境界絕不休止的工作意向。」

　　啟功也說：「我沒有二、三流的字，因為我把它們都撕掉了。」

　　嚴格審視自我是一種如此稀缺的能力，因為它跟人的大性是相違背的。為自己辯解是人的天性，小孩打碎了花瓶以後，本能地會說不是自己做的；大人在某件事情上失敗了，也更願意歸咎於各種外部原因。

　　我們沒辦法責怪任何人，因為我們每一個人都是用自己的「主觀視角」來看待這個世界，我們的所見所聞，我們的世界觀，都需要跟「我」的主觀立場相調和。我們會有意無意地篩選對自己有利的資訊，尋找能佐證自己觀點和能力的證據，並且在犯錯的時候，主動原諒自己。

　　果戈里特別值得效仿之處，是他在審視自己作品時所運用的「技術」。「八遍修改」的關鍵是：每次修改之前都要把稿子打入冷宮一、兩個月，這可稱為「冷處理」或者「陌生化」。時隔這麼久再拿出自己的作品時，一定會有一種陌

生感，原本熟熱的詞句冷卻了，原來得意的表達變得扭捏了，
這個時候就容易站在一個「旁觀者」的角度去看待與評估。
作為一個旁觀者，果戈里可以避開主觀視角，避開自我辯解
的衝動，避開選擇性篩選證據，而是冷靜、客觀地去評價，
這時修改，才是認真看待的。

　　還有一種讓自己變成旁觀者的辦法，那就是變換觀看的
場景。把電腦裡的文字列印出來看，往往能挑出、修改更多
的毛病，而更厲害的是，把紙貼在牆上。

　　清代有一個文人叫朱仕琇，跟果戈里一樣也是對待自己
的作品特別嚴苛的人。他每寫完一篇文章，就把稿子貼在牆
壁上，每天對著牆壁反復地看，每天能刪掉十幾個多餘的字。
大約過了十天以後，覺得實在無處可刪減了，方才定稿。

　　改文章是這樣，練書法也可以用這樣的方法。啟功會把
每天練的字中寫得最好的挑出來，剪下貼在牆上，然後每天
看，看得多了以後發現原本覺得滿意的字又不滿意了，總能
發現有細節可以再改進，於是就再去改。舊字改得差不多了
以後再拿下，換新寫的字貼上，就這樣反復看、反復改。

　　你可以想想看，稿紙放在桌子上看跟貼在牆上看有什麼
不同，稿紙在桌上的時候，「我」還是一個創作者，而把紙
貼到了牆上以後，「我」的角色變成了一個觀賞者，就像踱

步觀展的觀眾。在面壁的這一刻,「我」會恍惚忘掉這些字
出自自己之手,而是像一個批評家一樣,帶著批判的態度去
欣賞。

03

精細化改造：在更小的尺度下功夫

　　如何把一件事做到完美？這個問題當然不好答。除了剛才談的穩定和嚴格之外，還有一個很重要的因素是「精細」。跟精細相對的是粗略，兩者當然是相對而言的，簡單來說，在日常生活中，我們的思考和交流都是比較粗略的，而進入專業領域就必須精細，而且隨著時代的發展，這種對精細的要求一定會越來越高。

走進微觀尺度世界

　　整個世界可以用三種尺度去劃分：第一種尺度是日常尺度，這個尺度大致可以界定為在不借用工具的情況下，我們的肉眼所能看到的世界；第二種尺度是超過我們肉眼所及的世界，浩渺的銀河系乃至整個宇宙，這是天體的世界，需要透過望遠鏡以及其他設備來觀測；第三種尺度是我們肉眼不可見的微小世界，是顯微鏡以及比顯微鏡更靈敏的設備才能

觀察得到的世界。

　　用感官只能理解第一種尺度的世界，我們的經驗基於感官之上，這些經驗塑造了我們對世界、對人生的認識，認識能塑造信念，而信念又指導著行動。而另兩個尺度的世界是被大家普遍所忽視的，除了科學工作者之外，絕大多數人要麼是沒有覺察，要麼是並不關心它們的存在。如果我們絲毫不瞭解後兩種世界，自縛於第一種尺度之下，就有可能在認知上出現或大或小的偏差，而這也是為什麼中國國學雖然包含著珍貴的智慧，但還不足以完全指導現代人的生活，因為它們全部來自第一種尺度下的發現、經驗和思考。後兩個世界雖不能直接感知，但這不表明它們對我們無足輕重，恰恰相反，這些我們所忽略的東西恰恰具有決定性的影響力，特別是微觀尺度的世界。

　　當一六七四年荷蘭布匹商人兼磨鏡愛好者雷文霍克用自己打造的顯微鏡首次觀察到微生物之後，人們開始驚呼，竟然存在著這樣神祕而龐大的微觀世界。如果沒有顯微鏡，再有洞察力的智者都不可能想到存在細菌、病毒這麼微小且能動的東西。隨著醫學研究不斷發展，人們對微生物的認識逐漸加深，越來越能意識到它們對我們人類的重要性，比如說人的腸道菌群大多數是有益菌，對人體的免疫力幫助很大，

甚至可以說，人和細菌互惠互助，結成了「共生體」。

　　然而光學顯微鏡並不是最能通幽洞微的工具，隨後人類不斷研製出新的工具來探索更細小的世界。二〇世紀五〇年代，華生和克里克之所以能發現 DNA 的雙螺旋結構，就離不開 X 射線繞射儀的幫助，隨後分子生物學的時代開啟了。而現在，一些生物學家正馬不停蹄地應用「低溫電子顯微鏡」技術來洞察各種蛋白質的三級結構，這些蛋白質就像一個個設計精密的「分子機器」，參與著生物體內極為複雜的生理功能。

　　二〇一七年的諾貝爾化學獎授予了低溫電子顯微鏡的三位發明者，頒獎致辭如是說道：「科學發現往往建立在對肉眼看不見的微觀世界進行成功顯像的基礎之上，但是在很長時間裡，已有的顯微技術無法充分展示分子生命週期全過程，在生物化學圖譜上留下很多空白，而低溫電子顯微鏡將生物化學帶入了一個新時代。」

　　人類科學史總是會出現這樣的狀況，每一次當新的觀測工具出現後，人們對微觀世界的認識就加深了一步，原本的知識會大幅刷新，乃至世界觀都會迎來革命。而在觀察微觀世界的能力不斷提升的同時，人們基於已知的微觀結構來改造世界的技術能力也在加強。當下占主導或者有前景的技術

大部分可歸為遠低於日常尺度的微觀構造能力，比如晶片技術、奈米材料技術、基因技術等。在未來，我們還能預見「奈米機器人」在醫學領域大展身手，而「智慧型微塵」（smart dust）可能重塑我們的生活世界。換句話說，這個世界真正的革命是在你看不見的地方發生的。

電子墨水（E-ink）的原理是把「墨水」封裝在一個個非常細小的膠囊裡，每個膠囊裡包含帶正電荷的白粒子和帶負電荷的黑粒子。隨著電場的變化，黑白兩色分別向頂部或底部移動，一塊電子墨水螢幕包含了幾百萬個微膠囊，它們的動態組合決定了我們能在螢幕上看到的內容。所以電子墨水本質上是傳統墨水的「分解和重構」，把墨水細分到極微觀的層次，然後重新組合起來。

一個微膠囊的大小只相當於一根頭髮絲的粗細，膠囊內的構造更是我們的肉眼所不可見，然而精妙的創造和設計就在這不可見的地方發生了。當我們觀看電子墨水螢幕時，我們看到的仍然是用墨水呈現的字句，而且由於電子墨水螢幕本身不發光，所以還需要用檯燈把它照亮，這跟看書的感覺非常像。所以從日常尺度看，電子墨水閱讀器（比如Kindle）就約等於書，但是進入微觀尺度看，兩者的結構又完全不同。

　　如果回溯到兩百年前甚至更早，價值的創造和享用都是在日常尺度下發生的，比如先人泡茶用的茶壺是他們用肉眼和雙手做出來的，但是今天我們使用的大多數工具，已經無法單憑肉眼和雙手來製作了。看看你的手機，嚴格來講，我們對自己手機的認識僅限於它的「外殼」，螢幕、拍攝鏡頭、按鍵等，但是手機內部的各種元件及其內部極細微的構造絕大多數人是完全不瞭解的，它們都是在微觀層次上透過非常細密的方式製造出來的，其中最頂尖的晶片製造技術仍然是極少數公司的祕密。換句話說，在現代社會，價值的創造主要發生在微觀尺度，而價值的享用發生在日常尺度。日常尺度的價值創造當然還存在，但是已經不在這個社會占據主導地位，在未來也會越來越式微。

費力求索不為人知的層面

　　這或許就是現代社會的一個悖論，在消費端，商業世界在不斷地爭搶我們的注意力，越來越醒目、越來越大聲；而在供給端，新事物的創造、設計和生產在向越來越精細、越來越不為人所知的層面邁進。

　　再想想你平時和朋友的談話，想想你在網路社群上看到

千奇百怪的點閱數十萬以上文章，以及隨處可見的各種關於
「趨勢」、「策略」、「決策」、「平臺」、「模式」的議論，
這些交流和傳播中的表達，基本上都在往粗線條的方向走，
意義是寬泛的，指向是模糊的，價值是稀少的。而那些精細、
精確、精準的東西呢？它們不會自動出現，像彈出式廣告一
樣跳到你的眼前，只有費力求索才得一見。

　　所以在現代社會生存的每個人其實都面臨著一個二選
一的抉擇，是選擇粗略，還是選擇精細？是向左走還是向右
走？但是跟嚴格的自我審視一樣，精細化本身也是「反人性」
的。我們的頭腦總是以一種盡量省力的方式運作，所見即所
得，我們會自動處理容易接觸到的資訊，那當然是粗略的東
西更省時省力，今天這個大咖告訴我這樣理財收益率高，明
天那個大神說寫爆款文章有哪些套路，這些似是而非的東西
反倒是最有市場的。

　　任何一件事只要鑽進去，都會發現深不見底。粗糙的一
層往下還有更細密的一層，其實每一層的答案都是對的，但
是又不完全，你不能每一次思考都滿足於最淺的那層答案。
舉個心理學的例子，一個人看到街上有一家奶茶店排了很長
的隊伍，然後自己也走去排隊，他可能會問，我這個行為在
心理學上叫什麼呢？有人會答：「這叫從眾效應。」

　　「從眾效應」確實是一個心理學的概念，當一個人學了這個概念以後，就會以為知道這是怎麼回事了。果真如此嗎？不然。所謂「從眾」，從字面看就是「跟從眾人」的簡寫罷了，所以從眾效應本質上不過是一種同義反復的概括而已。

　　在心理學裡面有大量與「從眾效應」相似的同義反復式概念，這些概念只不過是現象的歸納，作用大概就是確認「你這個行為大家也有，不用擔心」罷了。但是從眾為什麼會發生？背後的更深層的原因呢？其實並沒有搞清楚。

　　又比如說「拖延症」這個詞，拖延症是一種概括，但是這個概括是很粗糙的，因為不同人的拖延原因和狀況不盡相同，有些人因為完美主義拖延，有些人因為無力感拖延，有些人的拖延是有益的（比如達文西間間斷斷用了十多年畫出了《蒙娜麗莎》），而有些人的拖延讓自己陷入了絕境。那麼如果只是用「拖延症」這個詞來說拖延症的人如何如何，這就過於粗略而不精細了。

　　再比如說「遊戲成癮」。遊戲讓很多人（特別是學生的家長）覺得恐慌，喜歡玩遊戲的孩子就是壞孩子嗎？喜歡玩遊戲就沒有前途了嗎？不能這麼說。遊戲被冠以「電子海洛因」這樣的名頭，是一種粗略的做法。固然有些遊戲是很糟

糕的，但是還有些遊戲製作精良，充滿了智慧和巧思，本身就是藝術品。所以遊戲到底是不是電子海洛因，這得具體深入去談某一款遊戲而論，一個遊戲、一個遊戲去分析，這才是相對比較精細的做法。

思考上的「精細性」並非透過這種思辨的方式來訓練不可。當你覺得知道了什麼之時，不要滿足於這個「知道」，而是要去尋找更深層的答案。你應該問自己：「真的是這樣的嗎？」「這個解釋又意味著什麼呢？」「為什麼不能那樣理解呢？」這種自我拷問，在一個講求效率的時代略顯多餘，但它確實是把思維之刃磨利的良方。

更精確，更完美

排除數學、物理、化學這些很「硬」的學科不論，凡是跟人、生活、文化、商業相關的概念都是不夠精細的，甚至可以說，連語言都是不夠精細的。語言是現實的映射，它因人與人的交流而產生，這也意味著它是日常尺度下的產物，它在描繪事物、描繪人的時候不可能再現出所有的細節。這就是為什麼觀察這麼重要，只有觀察才能讓你瞭解足夠多的細節，看在眼裡，記在心裡，能用語言表達再現出來的只是

浮在上面的那一層。

此時此刻，你正在讀我寫的書。這本書也是粗糙的，雖然我已經傾盡所能，但是一個想法一經表達，就已經意味著「失真」，然後再經過你的一層理解，就更有了「誤讀」的可能。所以你在閱讀這本書的過程，本質上就是在接收不夠精確的資訊，這裡面有很多模糊地帶，這些模糊的地方需要你用思辨去澄清，需要你結合自己的經驗，放在你自己的生活場景中去檢驗。

更進一步說，由於語言並沒有我們想像的那麼精細，沒有一個人可以告訴你什麼是對的、什麼是錯的，語言只是打開了一扇門，然後需要你走進去，用自己的頭腦去思考，把問題拆解開來，去一點一點地觀察，一點一點地分析。不管怎麼說，這能省下很多背誦名人名言的時間了。

既然語言不夠精細，那麼我們平時的動作是不是足夠精細呢？當然也不是。我舉一個比較普遍的例子，很多人喜歡吃火鍋，那麼請問，你吃火鍋的時候，每次放肉的時間是多久呢？會不會有人根本沒有想過這個問題，就是很隨意的時長時短呢？

但是你要想，一片肉放在滾水裡，一定有一個最佳的時長，在這個最佳時長下它是最好吃的，可是如果你的時間

很隨意，那麼便不可能吃到口感好的肉。有一次一位潮汕籍的美食家帶我吃潮汕牛肉火鍋，全程我都沒有自己動手，而都由美食家朋友代勞。只見他一邊熟練地做動作一邊跟我講解，原來煮潮汕牛肉最嫩的部位只要三秒鐘，不過這三秒不是連續的三秒，而是一秒下去再撈起，重複三遍，當然前提是切肉的師傅刀工好，要切得足夠薄才行。美食家朋友反復強調，只有在這麼精確的時間控制下，吃到的牛肉才是最鮮嫩、最好吃的。

從吃火鍋聯想到其他事情，你會發現，在大多數時候一件事情沒有做到完美，真的跟我們的處理方式不夠精細有關。似乎我們頭腦中預設的模式原本就是不精細的，就說涮肉片，我原本以為應該是以「分鐘」計，從來沒有想過應該以「秒」計，從計量單位上，我已經出現了偏差，而這個單位本身就框定了我們的思維。

還有對時間的把控，我們會自然地以整數時間來安排事情的，這件事情準備用半個小時解決，那件事情準備用一個小時解決；但是我們不會說，這件事情用二十七分鐘來做，那件事情用六十二分鐘來做，這種粗略性似乎已經在我們的思維裡根深蒂固，而這種習慣本身就是一種障礙。

就像我們前面所說，科學技術常常會以更精細化的方式

帶來顛覆性的改變。現在像澳洲、美國等國家的專業游泳訓
練會使用高速攝影機來拍攝運動員的水下動作（高速攝影機
能在一秒鐘內拍攝幾千幀的圖像，任何動作細節都能一覽無
餘），而運動員則穿著可攜式的動作捕捉設備以紀錄全程動
作，兩組資料再經由專門的軟體整合分析以後呈現出來，這
樣教練就可以從非常細微的角度發現需要改進的動作細節，
幫助運動員提高成績。

　　想像一下現在有兩組游泳運動員在接受訓練，第一組運
動員接受的是上述使用高科技設備的訓練方法，而第二組運
動員接受的指導是類似這樣的：

- 在練習中，都要盡可能地保證全程使用全面專業的技
  術，如果你使用不正確的技術，游得再快，也只是在
  浪費能量。

- 有許多方法可以提高你的技術。游泳前、游泳間隙或
  游泳結束前，要做針對性的技術訓練以鞏固游泳技
  巧。

- 在游泳開始、推壁和轉身時，進入流線型和滑水的不
  停轉換中，你必須做的一件事就是保持流線型。總
  之，保持流線型。

看到這樣的文字指引，你會不由得懷疑，這些話的準確

含義是什麼，什麼是「專業的技術」，什麼是「正確的技術」，什麼叫作「針對性」，什麼叫作「流線型」，這些表達都是模糊而不確切的，所以第二組的訓練在精細度上跟第一組相比簡直是雲泥之別。

高科技工具輔助下的訓練效果是傳統的游泳訓練所不能比擬的，因為它突破了日常尺度下人在視覺和動作上的感知能力。不僅是游泳，田徑、球類等各種運動都可以運用高科技的方法來提高訓練的精細度，讓運動員的動作趨向完美。

對於我們普通人來說，哪怕沒有使用高速攝影設備，也能夠透過一些簡單的方法來提高自己思考和行為的精細程度：

第一步：紀錄你做某件事情時的整個過程，最好能借助工具。

第二步：把過程劃分為若干過程，然後對每一個過程的精細程度用一到五分來評分。

第三步：針對每一個過程思考提高分數的方法，也就是想一想有沒有別的方法來提升精細程度。

有一次我去一家做海膽水餃的店吃餃子，店內有開放式

廚房，透過玻璃能看到員工是怎麼包餃子的。原來他們包餃子是接力式的，分了好幾道工程，每一道工程專人負責，自己這道工程做完以後再把半成品傳遞給下一個人。然後我發現有兩個員工的面前還放了小型的電子秤，其中一個員工的任務是分麵團，每一個小麵團從大麵團上揪下來以後都要放在電子秤上秤重，確保重量都一樣，如果重量不對會重做，這些小麵團將會交給下一個人擀成餃子皮；另一位需要電子秤的員工負責包餡，每包好一個餃子都要拿去秤重，如果重量不對也需要重做。也就是說，這家店出品的海膽水餃，每顆水餃的皮重、餡重和總重都是完全一致的。我想做到這樣的精細度，目的是給顧客（特別是老顧客）提供穩定的體驗，符合他們的就餐預期。

那麼如果我們把海膽水餃的例子遷移來審視我們每一天所完成的事情，不論是看一本書還是寫一份工作報告，我們在做這些事情的時候，我們的精細度到底到了怎樣的程度？我們有沒有用足夠精細化的方式來做「海膽水餃」呢？這便是值得我們深深思索的問題。

在這本書裡，我講了有關學習和思考的種種方法和原則，我之所以選擇這些主題來分章闡述，是因為我覺得它們都具有非常大的普遍性，它們是這個世界底層運行規則的一

部分。而特別有趣的是，我相信這些規則是在不同尺度上分形展開的。比如在一個精細、微觀的尺度上，我們仍然可以看到組合、限制、進化、循環等機制在發生作用，正如同我們在日常尺度上透過觀察日常之物所發現的那樣。也就是說，雖然這個世界是如此紛繁複雜，但仍舊有一些簡潔而普適的規律是我們可以洞察和把握的。

　　我在這本書裡所舉的種種案例就像大雪紛飛之時隨手捧起的雪花，其實每一朵雪花都透露了凝水成晶的祕密，所以不論我選取什麼樣的案例，最終都能通往我所闡述的那些基本而樸素的道理，而我相信在你讀完這本書之後，你也可以做到這一點。我相信每一個人都可以成為主動、獨特且富有創造性的學習者，在持久的堅持中累積足夠的才華，並應用於個人的幸福、社會的進步和人類的發展。

　　最後我有一個小小的聲明，本書提及的所有商品及品牌皆因有闡釋的必要，並不涉及任何利益交換關係。

心智練習：設計你自己的心智進擊術 ——————

　　「學無定法」，我覺得讀完這本書的讀者都能理解這句話。在我眼裡，學習不僅是學習，學習也是探索、是創造、是設計。你完全可以自己來設計，怎樣掌握更多真知，怎樣更快地精通技能，怎樣開拓思維的疆界。就是你，掌握著這一切的主動權。

　　在這本書裡，你看到了許多跨越不同學科、不同領域的東西，在理論和實踐之間，在思考和學習之間，我們走過了一趟斑斕的旅程。在每一章末尾的「心智練習」過程，你看到了不少有些新奇甚至有些怪異的練習方式，它們都是大膽創造的結果。

　　你不需要亦步亦趨地模仿我，因為只有你最瞭解你自己，你瞭解你的優勢，也瞭解你的劣勢，你需要的是更有創造力的行動。所以，現在輪到你自己來設計屬於你的心智進擊術了。

　　不過我相信，這些新方法還是要滿足一些基本的條件，比如說：

1. 能跟比較豐富的素材庫有所關聯，可以從中模仿和借鑑

比如改寫古詩練習，古詩的資源是非常豐富的，取之不盡用之不竭；又比如逛街筆記練習，街通常也是逛不完的，有很多東西可以看。

2. 需要包括生成式的內容

所謂生成式不是簡單的接收，而是能從你腦子裡構想出東西來，把內容「生」出來。回想我們國中時學英語，寫題目練習時大多都是選擇題。選擇題就不是生成式的，因為答案已經有了，你只要四選一就可以。可以說，英語選擇題你做得再多，也無法訓練使用英文的能力，所以很多人英語可以考到很高的分數，但是仍然是英語啞巴。對照一下第二章到第七章的心智練習，其實都是用不同方法來讓你來生成東西。

3. 循序漸進

如果要求一個從來沒有寫過小說的人馬上寫一篇長篇小說出來，目標是超越《三體》，你覺得有可能嗎？雖然這個任務是生成式的，但卻是無效的。任何人的能力都是從底

層開始一層層晚上疊加的，他需要一些基本的模組打底，才能做出一個比較複雜的東西，所以不妨從相對簡易的挑戰練起，比如第三章「如何擊敗薩諾斯」的練習就是遵循這樣的思考方式。

4. 善用對比、回饋和循環

這方面的道理已經闡述過很多，當你在設計練習時，應該創造條件讓自己能得到更多的對比、回饋或者循環。

然後，你就可以開始了。

高寶書版集團
gobooks.com.tw

RI 355
翻轉思維：整合已知，從小細節突破思考框架，深度進化的心智進擊術

作　　者　采 銅
責任編輯　高如玫
封面設計　林政嘉
內頁排版　賴姵均
企　　劃　鍾惠鈞

發 行 人　朱凱蕾
出　　版　英屬維京群島商高寶國際有限公司台灣分公司
　　　　　Global Group Holdings, Ltd.
地　　址　台北市內湖區洲子街 88 號 3 樓
網　　址　gobooks.com.tw
電　　話　（02）27992788
電　　郵　readers@gobooks.com.tw（讀者服務部）
傳　　真　出版部（02）27990909　行銷部（02）27993088
郵政劃撥　19394552
戶　　名　英屬維京群島商高寶國際有限公司台灣分公司
發　　行　英屬維京群島商高寶國際有限公司台灣分公司
初版日期　2022 年 03 月

原簡體中文版書名：《精進 2：解鎖萬物的心智進化法》
本作品中文繁體字版由北京鳳凰聯動圖書發行有限公司與江蘇鳳凰文藝出版有限公司授權英屬維京群島商高寶國際有限公司台灣分公司獨家發行。

國家圖書館出版品預行編目（CIP）資料

翻轉思維：整合已知，從小細節突破思考框架，深度進
化的心智進擊術 / 采銅著 . -- 初版 . -- 臺北市：高寶國
際出版：高寶國際發行，2022.03
　　面；　　公分 .--（致富館；RI 355）

ISBN 978-986-506-308-5（平裝）

1. 自我實現　2. 成功法

177.2　　　　　　　　　　　　　　　　110020123